Ça va mieux, ton père ?

Pour Emmanuel Khérad

Amitiés

Mara Goyet

DU MÊME AUTEUR

Collège de France, *Fayard, 2003; Folio, 2004.*

Les Souffrances du jeune trentenaire, *(avec Dorothée Volut), Fayard, 2005.*

Le Féminisme raconté en famille, *Plon, 2007.*

Tombeau pour le collège, *Flammarion, collection Café Voltaire, 2008.*

Formules enrichies: les mots et les choses d'aujourd'hui, *Flammarion, collection Café Voltaire, 2010.*

Femmes à rénover, *(avec Sophie Giagnoni), Flammarion, 2011.*

Collège brutal, *Flammarion, collection Café Voltaire, 2012.*

Jules Ferry et l'enfant sauvage: sauver le collège, *Flammarion, 2014.*

Sous le charme du fait divers, *Stock, 2016.*

Mara Goyet

Ça va mieux, ton père ?

Stock

Couverture : Le Petit Atelier
Illustration de couverture : © Catherine Quesemand

ISBN : 978-2-234-08241-0

Pour Cati et Louise.
Elles sont les héroïnes, non de ce livre
mais de l'histoire.

Mon père l'a affirmé haut et fort. Il n'y a pas de débat possible à ce sujet. Il l'a même répété. Il voulait, après sa mort, se réincarner en train. Ainsi les vaches le regarderaient-elles passer. C'était peut-être son idée de la félicité. Ou, comme souvent avec lui, la douceur de l'image, sa simplicité.

Il est peu probable que son souhait soit un jour satisfait. Je ne suis même plus certaine que les vaches aient encore le loisir de contempler. Peut-être est-ce un vœu un peu suranné ? C'est sans importance : cela montre qu'il était sensible à l'idée qu'on le regardât passer.

Mon père est vivant. Il est malade depuis des années maintenant. Terriblement. Il file déjà, à pas lents, à travers le paysage. Tristement, hors champ, loin des verts bocages. Qu'il soit pourtant, et à l'avance, exaucé : même si je ne suis pas une vache aux longs cils et au regard humide, même si je ne fais pas le poids, je veux le regarder passer. Et voir ce qui se passe. Je veux aussi observer le passé s'effacer : « Le petit train a perdu la bataille, c'est la fin de ses belles flâneries, il s'en va vers le tas de ferraille. »

Je ne vais cependant pas me contenter de ruminer, ni de beugler ma douleur filiale; il y a tant de belles choses à raconter. De drôles, aussi, dans son panache gris. Auquel je me rallie, peut-être me relie.

Je vous entends. Et je vous comprends. Je conçois qu'on ait peur du sujet, de faire le trajet. Mais je vous tends la main et ne vous lâcherai pas en chemin. Je ne vous promets pas, pour autant, que ça finira bien.

*

J'ai été deux fois confrontée à la maladie d'Alzheimer ou, du moins, à quelque chose que l'on nomme ainsi: la première fois, vers 14 ans, quand ma grand-mère paternelle a été touchée. Elle s'appelait Françoise, mais je l'appelais Bonne-Maman. Elle devait avoir 58 ans. Elle est morte vingt ans plus tard. Puis ce fut, presque immédiatement, le tour de mon père, Jean-Frawnçois, son fils. Il avait à peu près le même âge. Cela fait presque dix ans qu'il est malade, maintenant. Il a 68 ans.

Depuis trente ans, je ne sais si j'ai consacré plus de temps à penser à la maladie ou à m'efforcer de penser à autre chose. Étrangement, j'écris sur la maladie, sur mon père, pour ne pas y penser, sans pour autant me dérober. J'écris parce que c'est la seule manière que j'aie trouvée de lui rendre réellement visite. J'écris pour ne pas être totalement hantée. Sans totalement fuir ni me détourner. Écrire, c'est une manière d'assumer ma responsabilité.

Une immense partie de mon énergie me sert donc à repousser des images : mon père seul dans un couloir de l'Ehpad, mon père déjeunant, mon père dans son lit « une place » médicalisé dont il a déjà cassé tous les mécanismes possibles, mon père endormi, mon père et la pluie, mon père et la nuit. Mon père et sa vie. Car c'est une vie, aussi.

*

Il est donc en vie. Encore et toujours. Autant qu'autrefois. Écrirais-je un autre livre si mon père n'était pas vivant ? S'il était mort, pour m'exprimer plus clairement. Sans doute. Il me reviendrait alors comme avant. Ce serait l'heure de bilans. Il y aurait une cohérence et des étapes de la vie, des chapitres, un début et une fin. La maladie serait un moment, un fragment.

Là, pour l'instant, elle a tout envahi. Mais il reste là, lui. Car c'est lui, malgré tout, malgré nous. On peine à le voir : les souvenirs et les espoirs, les alternatives possibles créent des chatoiements cruels qui perturbent notre discernement. On finit par oublier qu'il est là, on finit par penser qu'en vérité il est ailleurs, en train de subsister dans une intégrité immaculée. Non, il est là, comme ça. Ce n'est pas une parenthèse ni un moment d'égarement, ce n'est pas une coda douloureuse, ce sont de vrais instants, de vrais moments qui suivent le cours du temps. C'est maintenant.

*

Pour s'en rendre compte, il faut se débarrasser d'un intrus qui ne cesse de s'imposer, peut-être de s'interposer pour atténuer sa vérité. Il y a, en effet, un personnage qui m'accompagne et dont je voudrais, dès le départ, me délester : c'est lui. Lui, s'il se voyait. Lui, s'il se décrivait. Lui, s'il écrivait. Lui, s'il me surveillait. Comme il ne l'endosse pas, ce personnage, je me sens toujours obligée de me le trimballer. C'est un compagnon d'une grande cruauté.

Et s'il se voyait déambuler, et s'il se voyait ne plus vraiment savoir manger, et s'il se voyait ne plus savoir s'habiller, et s'il me voyait lui mettre son bonnet, et s'il se voyait à chaque cuillerée, et s'il se voyait de dos, de face, de côté ?

J'ai mis du temps à comprendre que ce père alternatif n'existait pas vraiment. Que c'était un fantasme destiné à aggraver la douleur, à ronger un peu plus ce qui est déjà largement entamé. Que c'était une manière aussi de penser que ce que nous vivons maintenant n'a aucune vérité ni réalité, qu'il n'est pas diminué. Qu'on est dans un moment qui ne devrait pas exister.

Dans son *Journal de deuil*, rédigé après la mort de sa mère, Roland Barthes écrit : « L'étonnant de ces notes, c'est un sujet dévasté en proie à la présence d'esprit. » En ce qui concerne mon père, la situation est différente. Il y a deux sujets. Celui qui est dévasté, lui, et celui qui est en proie à la présence d'esprit, nous. Moi, en l'occurrence, ici. Il y a une dissociation. Il faut accepter d'être de ce côté-là, d'assumer cette part.

Et si, donc, plutôt que de l'imaginer en train de se voir, je le regardais, moi ? Et si, loin du pathos, des fantasmes, des déchirements, je le regardais pour ce qu'il est sans me demander sans cesse ce qu'il en penserait, sans braquer sur ma tempe le pistolet de la désolation obligée ? Et si, *horresco referens*, j'en profitais ? Pour dire et faire des choses que je n'ai pas faites ? Et si je cessais de me demander où il va pour me concentrer sur ce que je vois ?

Comment va mon père ?

*

« Ça va mieux, ton père ? »

Eh bien, non. C'est justement le principe.

Il faut concéder que la dramaturgie de la maladie d'Alzheimer est assez prévisible : ça va en général toujours plus mal. C'est très décevant. Il n'y a pas de bonne nouvelle à annoncer, il n'y a pas d'espoir, pas de traitement. Rien. C'est de pire en pire.

L'avantage, c'est que l'on n'a ni fausse joie ni vraie déception. C'est confortable de ce point de vue-là. Même l'ascenseur émotionnel est en panne.

« Ça va mieux, ton père ? »

Oui, totalement remis sur pied ! Erreur de diagnostic, c'était juste une carence en magnésium.

Ça ne fait pas rire tout le monde. Je le comprends, ce n'est pas facile de demander des nouvelles dont on sait à l'avance qu'elles seront pires que les précédentes.

Et puis il y a ceux qui ne veulent pas entendre : « Mais bon, sinon, à part oublier des trucs, ça va ? Il travaille encore ? »

« Ça va mieux, ton père ? »

Oui, ça s'est stabilisé, il est mort…

Même moi, ça ne me fait plus rire. C'est cruel, c'est agressif.

« Ça va mieux, ton père ? »

Qui ?

Je deviens méchante. Mais les gens ne veulent pas comprendre. Ce qui est la moindre des choses. Y a-t-il seulement quelque chose à comprendre, à apprendre ?

*

Dans les films de Steven Spielberg, on observe souvent ce mouvement de caméra : elle se rapproche lentement d'un visage dont le regard est figé, intense mais presque vide. Ce qui survient – l'arrivée d'extraterrestres, de dinosaures, parfois – se lit d'abord sur un visage transfiguré, comme illuminé de l'intérieur. C'est sur le visage d'Elliott, dans sa densité, sa pâleur lumineuse, sa fixité presque contemplative que l'on voit apparaître E.T. pour la première fois.

Mon extraterrestre à moi, c'est la maladie d'Alzheimer. Ou ce qu'est devenu mon père.

On ne sait toujours pas si, à la fin, je repars moi aussi dans un vaisseau vers la planète extraterrestre. Une chose est certaine, je ne suis pas comme E.T., je veux rester ici. Pour l'instant, je regarde la maladie faire. Et je suis sidérée. Par la violence, la cruauté, la gravité de ce que je peux observer. Je ne cesse d'être étonnée de voir comment on est soi-même bousculée, contaminée (je ne parle même pas d'être fatiguée, on ne peut pas dire qu'aider soit ma spécialité), comment le monde est lui-même infusé par la force de ce mal qui nous laisse tous cul par-dessus tête, comment tout ce qui a été transmis, raconté, livré se met à vaciller quand les bases sont ainsi, à répétition, attaquées.

Je livre ici, presque en contrebande, une forme d'autoportrait sidéré, de « *Spielberg face* » dont je ne suis pourtant pas le vrai sujet. C'est ainsi que je me sens le plus proche d'une possible authenticité, voire légitimité pour décrire une maladie sans pitié. Je ne suis que collatéralement touchée. Mais c'est comme un sérum de vérité qui change ma manière d'exister.

À vrai dire, je veux que d'Alzheimer on voie aussi l'ombre portée, la manière dont nous, indemnes, nous allons ployer et peut-être résister. Souvent sombrer, fracassés. Ou nous sauver.

Oui, j'espère nous sauver et sauver ce qui mérite de l'être. Nos liens, par exemple.

*

La maladie provoque une révolution de l'affection, de la perception, des préoccupations et des traditions : ça ne tourne plus rond. Mais cela doit continuer de tourner. Alors, chacun, avec ses possibilités, tente de s'adapter. Le lien vacille et se transforme. Il prend de nouvelles formes.

J'ai un mari, des enfants, des beaux-enfants, des amis, un travail, une voiture, un lave-linge, un lave-vaisselle et un appartement, j'enseigne, j'ai des élèves, un collège, cela fait bien longtemps que je ne suis plus dans les… jupes de mon père. Et pourtant, ça me reprend : tout s'efface, mettant à nu la variété des liens qui nous unissaient selon les années. C'est un détonateur : je dois choisir quel fil garder, lequel couper. Ça peut exploser. C'est à moi de décider où nous en sommes. La relation est si unilatérale, si insupportablement, en ce qui me concerne, « parentale » (guider, donner à manger, habiller) que j'ai, sans vraiment le décider, fouillé dans notre passé, dans nos antécédents pour me réfugier dans des moments apaisants, aimants et charmants. Voilà comment on se retrouve à 45 ans à aimer son père comme si l'on en avait 4 : j'attends de lui qu'il vienne me sauver alors qu'il est en train de sombrer. J'en fais un pilier quand les fondations mêmes sont en train de s'écrouler.

Je lui donne de nouveau la main lors de nos promenades dans le jardin, mais je sais pertinemment que, dans ces moments-là, c'est moi qui le soutiens. Au fur et à mesure, je tente d'ajuster ce lien. Je suis prête à tout faire, même un peu n'importe comment, au gré du vent, mais je ne veux pas faire semblant, je veux repousser, le plus longtemps possible, le kitsch, la posture, l'artificiel. Je souhaite trouver la « bonne distance ».

Les pages qui vont suivre sont aussi le récit de cette quête. Avant que tout s'arrête.

Chez mon père :
les mains de la mélancolie

« Hélas ! Ne mourez pas, monsieur ; suivez plutôt mon conseil et vivez encore longtemps. Parce que la plus grande folie que puisse faire un homme dans cette vie, c'est de se laisser mourir, tout bêtement, sans que personne ne le tue, et que ce soient les mains de la mélancolie qui l'achèvent. »

Cervantes, *Don Quichotte*

Sa nouvelle maison

Je n'ai pas eu de parents divorcés. Mais, désormais, je peux y jouer. Je dis « chez mon père », « je vais chez mon père », « chez lui », « je vais le voir », « je passe voir mon père ». Ça me donne un aperçu tardif.

Quand je dis « chez ma mère », c'est beaucoup plus triste : c'est parce que mon père n'y est plus. Alors qu'il y a toujours vécu. Du coup, je ne dis pas « chez ma mère ». Je ne dis rien. Je me contente du nom de la rue.

Mon père, récemment, s'est pris une chambre dans un Ehpad. On la lui a décorée. On l'a personnalisée. On l'a installé, lui. Depuis ses 18 mois, il n'avait jamais eu sa chambre pour lui tout seul. Il y eut son frère. Puis ma mère. Il a maintenant son lit simple, discrètement médicalisé, sa couette, sa taie d'oreiller. Son verre à dents. Son dentifrice. Son eau de Cologne bon marché. On a fait marquer ses vêtements à son nom. On a donné la liste des médicaments. Deux, trois livres ont été choisis histoire de recréer, avec parcimonie, le décor de sa vie.

Le matin même de son installation, comme un condamné, il avait pris son petit déjeuner dans son appartement. Il y vivait depuis près de cinquante ans. Puis il est parti sans vraiment comprendre de quoi il s'agissait. Il est arrivé avec un fauteuil, son piano et quelques « effets ». Puis il est resté… Toute la journée.

Le soir venu, quand il a fallu le quitter, je me suis mille fois retournée histoire de bien souffrir, de ne pas passer à côté de la cruauté du moment. Je suis partie, j'ai pleuré.

Les pages qui vont suivre risquent de faire l'effet d'une station lacrymale : j'y pleure beaucoup. Même si c'est agaçant.

J'ai donc pleuré comme j'avais rarement pleuré. C'est pourtant chez moi une spécialité. Je suis vraiment entraînée. Mais là, c'étaient tous les pleurs d'enfant que je n'avais jamais exprimés, que je n'aurais jamais imaginés. Auxquels, surtout, je ne me serais jamais abaissée. J'étais, jadis, dans une telle sécurité que je n'avais jamais pleurniché, ne m'étais jamais sentie abandonnée ni esseulée. Mes parents pouvaient me laisser, je m'en fichais. Je savais que j'allais les retrouver.

J'aurais pu un peu rester. Le coucher. Le border pour son premier soir dans sa nouvelle chambre. J'aurais même pu lui lire une histoire afin d'aller jusqu'au bout de l'idée. J'aurais pu éteindre la lumière. L'assurer que j'étais là, à côté. Non, je me suis tirée. Je n'ai pas voulu en rajouter. Sinon, jusqu'où aller dans le chagrin des rôles inversés ? La veilleuse ? L'écharpe parfumée à laquelle se raccrocher ? La photo qui permet de se rassurer ?

Je suis partie. J'ai résisté. J'ai pleuré (encore !). Comme ces clowns que j'ai toujours détestés. Comme si l'on avait activé une petite pompe à larmes en plastique bon marché.

C'est bon, le plus dur me semblait fait. À ce moment-là, on croit que, dans une institution, la maladie va se stabiliser, qu'elle va freiner, qu'elle va comprendre qu'il est inutile d'insister : on a cédé. On pense alors que le pire a été vécu. Et qu'on va tous se relever.

C'est, autant le dire, complètement se tromper : tout finit par commencer, si je peux ainsi m'exprimer.

Deux cornets

C'est la première semaine de mon père dans l'Ehpad. Ma sœur et moi décidons de déjeuner avec lui. Nous lui tiendrons compagnie, nous n'aurons pas de repas. Parce que nous n'y tenons pas. Mon père avait autrefois écrit ce poème en un vers, ce monostiche : « Soir : Deux fois, deux assiettes dans l'égouttoir. » C'étaient nos soirées d'il y a trente ans, le repas des enfants, puis des parents. Il mange seul, nous l'accompagnons. Ma sœur et moi, nous déjeunerons plus tard, ailleurs, loin si possible.

Une aide-soignante nous prépare un plateau et nous descendons dans le jardin, à l'ombre, à proximité des arbres, de la rue, de la liberté.

Sur le plateau, elle a ajouté deux cornets de glace. En plus de celui qui était destiné à notre père pour le dessert. Je suis touchée par ce geste. C'est d'une immense délicatesse : elle sent que nous sommes chancelantes, peu habituées au lieu et à la nouvelle vie de notre père. Mais surtout, elle nous restitue, avec ces deux glaces, notre statut d'enfant. Même si ce n'est plus vraiment de notre âge. Nous nous apprêtons à préparer les bouchées, à découper la viande, mais les deux cornets, sur un coin du plateau, viennent nous faire signe, nous rappeler les deux petites filles que nous avons été et que nous aurions aimé, d'une manière ou d'une autre, rester.

Appréhension

J'avais décidé d'y aller tous les deux jours. Puis deux fois par semaine. Ma mère va le voir tous les jours, ma sœur un peu moins, plus que moi, en tout cas.

Ce sera désormais, pour moi, une fois, le week-end. J'ai besoin de le voir, j'ai aussi besoin de vivre. Cette idée est d'une banalité affligeante, mais j'ai mis des semaines à la formuler. Cela suppose de savants calculs dignes des dossiers les plus transgressifs des revues féminines afin de trouver un équilibre entre ma disponibilité, ma culpabilité, mes devoirs divers et variés, ma peur, mon amour, une certaine forme d'honnêteté et un sens de la lucidité. Je ne suis pas censée plonger et je découvre chez moi un vaste continent de fragilités.

Dès le vendredi soir, l'angoisse commence. Il va falloir aller à l'Ehpad. Mais quand ? Demain matin ? Dimanche matin ? Seule ? Ou accompagnée ?

Et si je n'y allais plus jamais ? Ce serait une décision radicale du plus bel effet, que tout le monde critiquerait, mais ce serait ainsi, ce serait mon caractère, ma fougue, mon ignoble singularité. Je pourrais en rajouter en disant que, vieille enfant blessée, personne n'a le droit de me juger. Je pourrais même en profiter… Non.

Il faut donc y aller. Ça ira mieux quand ce sera « fait ».

Une fois sur place, je le retrouve tel que je l'aime, je m'aperçois qu'il m'a manqué. Je suis heureuse de le toucher, de l'embrasser, de lui tenir la main, de le guider. Je suis contente et libérée. Quand je sors, je suis assommée. Mais quelques minutes ont cependant tout sauvé.

Toute la semaine, j'essaie de ne pas y penser. Et le vendredi soir, de nouveau, je suis accablée. Je me conseille encore de ne pas y aller parce que ça ne changera rien. Je me convaincs que c'est bien d'un peu « s'écouter ». J'implore mon indulgence. Ce que je trouve d'une totale inconvenance.

Et j'y vais. En tâchant de ruser, d'emprunter des chemins détournés (il y a, à proximité, un Picard, un marché, de quoi faire des courses, ce sera juste une étape au sein d'une longue journée variée).

Au fil des semaines, je pensais m'habituer. Non, rien n'y fait.

Rendez-vous

Chaque fois que j'arrive en bas de l'Ehpad, je trouve terrible de ne pas avoir prévenu mon père de ma venue, de m'inviter à l'improviste. J'ai le sentiment anachronique d'un manque de considération pour son emploi du temps, ses envies, son humeur. Je viens quand je veux, je ne viens pas si je veux. Il n'a pas son mot à dire, il n'a pas le choix. Il est là, tout dépend de moi : quand j'arrive, il ne m'attend pas ; si je ne viens pas, il ne le saura pas.

Cela confère à mes visites un sentiment d'arbitraire douloureux. J'aimerais tant lui donner rendez-vous, qu'il compte sur moi, qu'il soit déçu si je ne suis pas là.

Au bas de l'Ehpad, j'arrive et j'ai envie de crier : « C'est moi, je suis là. » Au sixième étage, il ne m'entendra pas.

L'odeur

La première chose, c'est l'odeur. Quand va-t-elle survenir. Au portillon de l'Ehpad ? Non. Les résidents qui fument, la femme aux pigeons sur son fauteuil roulant ? Non. L'accueil ? Un peu. L'ascenseur. Déjà, oui. Totalement. On y est.

Ce n'est pas une mauvaise odeur. Elle n'est pas identifiable. Du moins, je ne souhaite pas l'identifier. C'est simplement l'idée que c'est une odeur. Une odeur qui n'a rien à voir avec celle d'une salle de bains d'une maison de vacances, celle du linge lavé par un être cher, celle de la poussière sur des livres de poche, une odeur comme d'autres. Elle ne laisse pas de trace, elle ne renvoie à rien d'autre qu'elle-même. Ni dégoût, ni sensualité, ni nostalgie, ni cœur soulevé, c'est une odeur qui n'a aucune chance de s'échapper, c'est l'odeur qui en vient à sentir sa propre odeur. C'est le parfum du singleton (du cingléthon ?). C'est la fragrance de l'enfermement (ça ne sent pas le renfermé pour autant) dans l'étage, dans la maladie (qui ne finit pas de s'approfondir), dans la descente vers la mort.

Étage après étage, l'ascenseur prend son temps. Le temps de rien. On ne se prépare pas. On ne s'habitue pas. On se regarde dans le miroir. On vient quand on peut. Les portes s'ouvrent et c'est comme un jeu.

Où ? Où sera-t-il ? Où sera mon père ? Dans sa chambre ? Ce serait si triste. Devant la porte ? Ce serait mieux. Mais déchirant aussi : une manière d'attendre à l'infini. Avec les autres ? Ce serait bien. Dans un couloir, de dos. Ce serait déchirant. Dans un couloir, de face. Ce serait presque avenant. Introuvable ? Il va falloir ouvrir toutes les portes, comme dans un calendrier de l'Avent éprouvant. Pas chez Madame V. Pas chez Madame G. Assis par terre ? Allongé ici ? Seul devant un mur. Bloqué comme un personnage de jeu vidéo que l'on fait courir contre une cloison. On ne sait jamais. On ne s'y fera jamais.

L'odeur s'estompe. Non qu'on se soit habitué ou imprégné. L'odeur, c'est celle qui psychologiquement accompagne une découverte macabre. On la suit, on la fuit, on la poursuit. Elle recouvre mille autres odeurs pourtant possibles en un tel lieu. C'est la bande originale olfactive d'une scène sans cesse rejouée, c'est le jingle du cœur qui se serre, qui s'arme et serre les valves.

Où sera mon père ? Où sera-t-il caché ?

Trouvé.

Marcher sans s'arrêter

Toute la journée, mon père marche sans discontinuer. Il a les ongles des orteils bleus à force de se cogner. Il a des crevasses à force de s'user les pieds. Il marche dans les couloirs, caresse les rampes qui ont une douce rugosité. Il fait un trajet qui n'a aucune utilité, qui, de l'extérieur, semble dénué de sens. Mais qui en a, sans doute.

Je le regarde marcher et je me sens comme évidée.

Je peine parfois à rester plus d'une quarantaine de minutes. Je sens que je vais m'effondrer, je suis au bord d'exploser. L'ennui qui s'abat, presque immédiatement, me semble la somme de tous les ennuis du monde. Ce n'est pas un ennui qui tasse ou passe, c'est un ennui qui creuse. C'est un ennui hystérique comme celui qui accablait Roland Barthes, ainsi le décrit-il, lors des sorties en groupe, des réunions, des amusements en commun.

Certains jours, je ne supporte pas d'y aller. On va se promener. On remonte. Je le laisse dans sa chambre et je lance un tonitruant : « Bon, Papa, désolée je n'ai pas trop le temps aujourd'hui, je dois y aller. Mais on se voit demain, hein ! Ou lundi… »

Je sais pertinemment que je ne viendrai pas de la semaine. Mais, envers le personnel soignant, je veux garder la tête haute, ne pas passer pour celle qui a tôt fait de se barrer. J'ai honte, j'ai du mal à assumer, mais je me crois obligée de soigner ma communication, de faire celle qui a pointé, qui est venue, qui est présente et assure la continuité. C'est lamentable : c'est pourtant ce que me demande la société. Et ma conscience, un peu partagée…

C'est tellement triste de le voir marcher ainsi, c'est si « franchement » déchirant, que ça ne peut être vrai. Je le regarde s'éloigner, revenir. Je tente de l'accompagner, mais au bout de trois minutes je suis découragée. Quand je le vois de loin, sa silhouette isolée me broie le cœur. De près, c'est autrement triste, moins cliché. Parfois il a l'air content de me retrouver, il me passe la main dans les cheveux. Mais cela ne dissipe pas le sentiment d'absurdité qui continue de flotter.

Pour le repousser, ce sentiment, je ressens aussi le besoin de marcher quand je rentre chez moi.

Pour « évacuer », comme on dit. Le pire, c'est que c'est peut-être aussi pour l'imiter.

Quand je marche, c'est là que me reviennent les idées. Je ne suis pas d'itinéraire, je ne fais qu'avancer. Tout se met alors à fermenter, à remonter à la surface. Des choses banales, mais aussi des idées inattendues : j'avance à flux tendu. Au fil du chemin, ça commence à bouillonner, à fonctionner de manière débridée, dans un flux de conscience à haut débit. Je marche et je sens que la solution va venir. Même si je ne sais pas ce que je cherche.

Ce jour-là, un livre auquel je n'avais plus pensé a affleuré à la surface de mes pensées. Comme un archéologue, j'ai gratté et décapé, avec un peu de difficulté. Le livre était profondément enfoui dans ma mémoire. Je ne voyais pas de quoi il s'agissait. Il est apparu : *La Naissance de la cité grecque, Cultes, espace et société, VIIIe-VIIe siècles.* Son auteur est François de Polignac. Cet ouvrage, je l'avais totalement oublié, mais il m'avait marquée. Je l'avais lu il y a une vingtaine d'années. Je n'en suis plus très certaine, mais je crois qu'il y était question de processions : on traversait la ville pour se l'approprier (il y avait aussi tout un chapitre, si ma mémoire est exacte, sur les bornes, question toujours d'actualité). Chaque pas valait possession. La cité ainsi piétinée était réassurée.

Le souvenir n'est pas remonté par hasard. La culture vient ici contre la déconfiture, je l'étale sur mes doutes et les manques. Je bouche les trous, je colmate les vides.

Je me dis alors que c'est sur sa vie que mon père marche, qu'il la dessine, que chaque pas colorie la terrible transparence du vide et conjure le vertige. J'aime bien cette idée. Mais ça pourrait être tout autre chose. Ou rien. Je n'en sais rien.

« Continuer

jusqu'à ce que le lieu devienne improbable

jusqu'à ressentir, pendant un très bref instant, l'impression d'être dans une ville étrangère, ou, mieux encore, jusqu'à ne plus comprendre ce qui se passe ou ce qui ne se passe pas, que le lieu tout entier devienne étranger, que l'on ne sache même plus que ça s'appelle une ville, une rue, des immeubles, des trottoirs… »

Ces lignes sont tirées d'*Espèces d'espaces* de Perec.

Je marche, moi, pour me perdre. Non pour remplir mais pour vider. Je ne conjure pas le vertige, je l'invoque. Je ne colorie pas, j'efface. Mais ça pourrait aussi être autre chose. Le contraire. Ou rien.

Je marche et j'ai de la chance, je ne me cogne à rien, mes ongles vont bien.

Le couloir

C'est un grand couloir. Il n'y a pas d'issue. Y est-il ? C'est la question à ne jamais se poser. Cela me hante, pourtant. Chaque jour. Chaque heure. De toute façon, c'est certain, il y est. Cette image, je m'épuise à la repousser. Je saisis chaque morceau qui passe à ma portée pour me concentrer. Ce couloir, je veux m'en débarrasser, je le noie dans les références.

Je l'associe à Danny de *Shining*, au tricycle, je lui ajoute de la moquette orangée, je fais appel à Kubrick. Une vision fugace, Romero et ses morts-vivants me viennent en aide. Je fuis dans un univers de citations, de lectures, d'images, de signes et de courts-circuits pour me détourner. Je m'échappe dans le monde que mon père m'a prescrit : celui des références.

Que fait-il ?

Lorsque son enfant entre à l'école pour la première fois, on se le demande, à plusieurs reprises, à tout moment de la journée : que fait-il ? Là, des images saisissantes vous happent : solitude, pleurs, désarroi, grands qui cognent. C'est fantasmatique et l'on sait qu'il ne faut pas en faire trop de cas. Est-il seul dans la cour ? Regarde-t-il mélancoliquement par la fenêtre ? Hurle-t-il « maman » depuis une heure (allez, sois sympa, juste un peu, juste une fois !) ? Puis on songe à tous ces moments où l'on n'y a pas du tout pensé, où l'on a fait autre chose : on en a presque, du coup, culpabilisé. Enfin, on s'est habitué et l'on a une vie, du moins dans la journée, un peu dissociée. Parfois, une image arrive : la cour, la sonnerie, une tête penchée sur un cahier, des marches ratées dans l'escalier. Je sais que je n'ai pas à m'inquiéter ni à avoir la gorge serrée. Et puis, ce pathos maternel, c'est très exagéré.

Que faisait-elle ? Combien de fois me le suis-je demandé ? Ma grand-mère était loin, dans une maison de retraite médicalisée du Loiret. Je la voyais errer. Sans la retrouver. Je la pensais aux prises avec une autre temporalité. C'était d'autant plus facile à imaginer qu'elle était éloignée dans l'espace. J'ai même fini par me consoler : pour elle, c'est différent. Mais que d'efforts pour ne pas y penser. Nous étions nombreux à repousser cette idée : la souffrance était davantage partagée.

Que fait-il ? C'est revenu avec mon père. Ce couloir, je dois m'en débarrasser. Je ne dois pas imaginer le plan large, puis rapproché de sa silhouette en train de l'arpenter. Je dois m'occuper, je ne vais plus y penser.

La nuit, je me dis qu'il est endormi. C'est trop vite me rassurer. Le couloir n'est peut-être pas déserté. Dans l'obscurité, je n'ai pas assez de références sur ma table de chevet pour sublimer les images qui viennent me hanter. Alors je me lève, je regarde la ville. Je m'épuise à ne pas y penser. Et je cherche à investir tout ce qui passe à ma portée d'un sens que moi seule peux conférer. Dans la solitude la plus totale d'un combat que je ne peux pas partager, sans humains, sans paroles pour consoler ni pour me divertir, je regarde le monde et je cherche à l'enchanter, m'appuyant sur chaque phare de voiture ou lampe, dans un appartement, encore allumée.

Que fait-il ? Et comment cesser d'y penser ?

Allongé par terre

Ce matin-là, j'ai trouvé mon père allongé par terre. Il y était depuis longtemps, il ne voulait pas se lever ou n'y arrivait pas. On lui avait fait sa toilette par terre et donné son petit déjeuner à même le sol. On lui avait même mis un oreiller sous la tête. Je suis restée une heure à lui parler. Lui par terre. Moi assise sur son lit. Au bout d'un moment, j'ai quand même fait remarquer qu'on n'allait pas pouvoir le laisser là. Avec deux aides-soignantes et une infirmière, nous l'avons finalement soulevé et mis sur son lit, assis. Sans problème, mais pas sans douleur : nous étions quatre femmes pas spécialement musclées (il est tout léger désormais). Je me demande combien de temps il serait resté ainsi si je ne m'étais pas manifestée.

Un autre jour. Il était 10 h 30. C'était un dimanche matin. Les résidents dormaient devant la télé allumée. Toutes les portes étaient fermées. Mon père déambulait seul dans le couloir clôturé. Son jogging était, comment dire… Mais il était impératif d'attendre puisqu'il faut être deux pour s'en occuper.

Dans les deux cas, l'ambiance était sinistre, l'étage ensommeillé, les résidents prostrés, livrés à eux-mêmes.

Je ne juge pas. Le manque de personnel est criant. Mon père demande une attention considérable. Leur travail est de toute évidence très éprouvant, j'imagine décourageant, mal payé, pas considéré. La fréquentation quotidienne de fins de vie aussi tristes et parfois esseulées doit ronger. Je n'ai aucun doute là-dessus et je pense toujours en tenir compte quand j'y vais.

Je ne suis donc pas là pour dénoncer. Je ne désigne ni ne cherche de coupable. Cependant, une chose fait toute la différence, je ne peux pas ne pas le remarquer: c'est l'humanité.

L'humanité est-elle un truc en plus ? Une option ? Un bonus ? Est-on en droit de l'exiger ? On peut être un bon professionnel, faire tous les gestes, connaître les bonnes pratiques. Être « couvert ». Mais l'humanité, qui va en décider ? Moralement, dans de tels lieux, qui fait autorité ?

La princesse aux résidents dormants

Il suffit d'une personne. Une seule. De sa voix, de son rire, de sa manière de marcher. Et ça va.

Les jours où cette aide-soignante travaille (elle est loin d'être la seule dans son cas), tout devient plus simple: la maladie, les vêtements, les soins. Les résidents eux-mêmes semblent se transformer à sa lumière. Ils prennent vie, couleurs et chaleur. C'est la princesse aux résidents dormants.

Il y a des moments où l'on ne voit que les manques, la perte, l'absence (de famille, de mots, de mémoire, de grand air, de liberté). Où l'on voit tout en creux, à la lumière implacable de la diminution, voire de la déchéance: les soins, les couches, les couverts pour manger, les verres en plastique, la merde, la pisse, l'ennui, le sol qui poisse, les bouts de corps que l'on ne voudrait pas voir. Certains matins, on semble dans une véritable catabase, on paraît descendre aux Enfers, circuler dans les brumes et les bribes sans jamais retrouver autre chose que des fantômes muets aux yeux éteints. « *Ibant obscuri sola sub nocte per umbram* ». Étreint par l'angoisse, on longe les couloirs, ploie sous les néons, hésite à pousser des portes, frôle des silhouettes hâves, évite les corps recroquevillés.

Il suffit d'une présence, d'un caractère, d'un grain de voix, d'un regard pour que l'on voie tout autre chose. Sans que ce soit une illusion ni un tour. Ce n'est pas moins vrai. Ce n'est pas un effet d'optique. C'est juste que l'humanité est remise à sa place, que les résidents redeviennent des gens, les perdus des individus, les assis des êtres en vie.

Mon Dieu, mon Dieu, la vie est là

Il est recommandé de chercher de la vie ici. Ce que j'ai fait, naïvement, dans un premier temps. J'ai bien scruté partout, de manière appliquée : dans un geste, dans une remarque, dans du jus d'orange, dans l'esquisse d'un sourire, sur la peau d'une vieille main tachetée, dans un verre en plastique. Je ne l'ai pas trouvée. C'est que la vie en scorie, en suspension, par bribes, ça n'existe pas. Ce qu'il y a ici, c'est une autre vie. Pas des bouts de vie.

J'avais sous-estimé la vie, je n'avais rien compris.

Je saisis aussi que tous ces gens décrétant se tenir prêts au suicide, à la moindre alerte d'Alzheimer, n'ont rien compris non plus à la vie : à son emprise, à sa force, à son attrait.

Combien, parmi tous ces gens que je vois là, assoupis, erratiques, perdus, ont dû dire crânement qu'ils mettraient fin à leur vie s'ils devaient « finir » diminués ? Les gens que j'ai devant moi ne sont pas des faibles, des lâches, des gens soumis qui ont dit tout de suite « oui » à leur maladie. Ce sont juste des humains.

C'est à la fois au triomphe de la maladie, mais aussi à celui de la vie que nous assistons. Du coup, je ne sais plus si elle est une amie ou une ennemie.

Cuillerée

J'ai passé mon temps à fixer des limites. Ce que je peux faire et ce que je ne peux pas ou ne dois pas faire.

Je pense qu'il n'y a rien ou presque que je n'aie fait malgré mes réticences et mes déclarations répétées : « Ça, ce sera la limite, je ne le ferai pas. Jamais. » J'ai chaque fois senti que j'avais franchi un pas qui contribuait à m'éloigner de mon père. Comme si ça aidait à saboter notre relation, à la transformer, à dépasser les regrets, à passer à autre chose. C'est une séparation progressive qui passe par l'anéantissement, et non le dépassement, des rôles et des distances de sécurité, des convenances filiales.

Certains, sereins, adultes, disent : « Il fallait le faire, je l'ai fait. » On ne peut pas dire que j'aie réussi à l'assumer comme si de rien n'était. Je ne suis pas traumatisée. Mais j'ai senti qu'il y avait là quelque chose de brisé. Je n'y ai vu nulle réciprocité, pas de « Il l'a fait pour moi autrefois, je le fais pour lui aujourd'hui ». Je n'ai pas eu la sagesse d'y voir du sens, une cohérence. Le chiasme, c'est le marasme.

Je suis impressionnée par tous ceux qui assument, ont les nerfs, prennent sur eux. Je n'y arrive pas. Je peux le faire, calmement, mais je ne digère pas. Ça ne passe pas.

Je l'ai porté, je l'ai lavé, ses mains, son visage, et plus encore, une seule fois, je lui ai fait ses lacets, je l'ai boutonné. Je lui ai mis un pull, un bonnet. C'est fait. J'avais terriblement appréhendé ces gestes. Je ne pense pas avoir eu tort. Pas une seule fois je n'ai été accablée en les effectuant. C'est la profanation des ordres et des liens qui chaque fois m'apparaît.

Le plus difficile, c'est la nourriture. Le geste, la table, la serviette, la cuillère ou la fourchette que l'on doit tendre, c'est totalement insupportable. Par extension, ce qu'il mange me dégoûte. Je suis incapable de le goûter, de le finir, d'en piquer un bout, de le partager. Je peux à peine y toucher.

Je crois qu'il partage mon anxiété. Chaque fois que je me suis mêlée d'un repas, il a semblé préoccupé, agité.

J'ai des doutes sur ma capacité à m'en occuper. Je ne suis pas certaine, outre un vague sens du devoir, de le vouloir. Il y a tout un tas de choses que je voudrais entre nous conserver et j'ai l'impression qu'à chaque cuillerée c'est un peu plus entamé. J'ai le sentiment de me forcer parce que c'est ainsi que tout le monde le fait, c'est la marque notable de l'enfant responsable qui s'occupe bien de son père malade, c'est une manière de ne pas le lâcher.

Bien que ce soit aussi une façon de le trahir : s'il nous voyait, il serait révolté. Mais il ne nous voit pas, la question ne se pose pas. Dans ces histoires, il paraît y avoir des chemins de soin, d'amour et de liens tout tracés, avec quantité de gestes à effectuer, de postures à adopter. Dans rien de tout ça, je ne suis à l'aise ni dotée de la moindre sincérité. Je le fais parce qu'on le fait, je pourrai dire que je l'ai fait et on ne pourra pas me le reprocher. En sous-marin, je sens que je fais semblant d'aider et que je mine un peu plus ce qui, pourtant, par ailleurs subsistait.

Le mot de trop

Un seul mot, une seule remarque, un seul geste, le choix est vaste, peut vous plonger dans un désarroi sans fond. C'est un déclic.

« Souillé » est l'un des plus difficiles à entendre. La dame le prononce une fois, deux fois, trois fois, quatre fois devant moi. Sans doute conçoit-elle ce mot comme le plus approprié, le moins riche en coprosigne. Le plus éloigné de la réalité sans pour autant la renier. Peut-être est-ce le plus édulcoré, le moins infantilisé qu'on puisse trouver. Le plus traditionnel aussi (on imagine « souiller ses chausses »). Sans tomber dans des circonlocutions et euphémismes énervants.

À la troisième fois, je ne peux plus me retenir de pleurer. Je vois en énorme l'impureté, le sali, le flétri, le profané. Sous couvert de tact, c'est le terme le plus blessant. Il dégouline de laisser-aller, d'impureté, il est tout entier moralisé.

Je ne supporte plus qu'on le laisse seul avec une prétendue culpabilité. Je considère ce mot comme une agression, comme une marque violente d'insensibilité pour tous ceux dont ces choses ne sont pas le métier.

Souiller. C'est pourtant le mot le plus juste : c'est mon statut d'enfant qui est là profané, piétiné, avili. C'est l'ordre des choses qui est dévoyé. Il n'y aurait pas eu de bon mot, de toute façon, face à ce type de réalité que j'ai du mal à accepter.

« Faut pas pleurer, me dit-elle. Il ne s'en rend pas compte. — Mais moi, oui », dis-je en reniflant comme un enfant de 2 ans.

Elle sort. Je pleure sur l'épaule de mon père, son pull finit tout trempé. Il y a un peu de morve, la laine est souillée : ma manière à moi de rétablir un peu d'ordre et, partant, un peu de pureté.

Deux jours plus tard, une autre aide-soignante avec qui j'ai discuté, avec qui j'ai rigolé, emploie le terme « souillé ». Je suis consternée : le mot ne me fait aucun effet. Ce n'est pas que je sois immunisée. C'est qu'il y a chez elle une forme d'humanité, d'attention qui transcende les expressions employées ou les susceptibilités.

Il n'y a pas que les malades dont il faut s'occuper. Il y a aussi les familles accablées.

Le pire

On se demande toujours ce qui sera le pire, la limite, le plus douloureux avec cette maladie. Ne pas être reconnue, par exemple. De toute évidence, je ne suis plus reconnue. Mon père ne me reconnaît plus. Du moins, je ne suis plus identifiée, ni citée (quand d'autres le sont). Je ne suis d'aucune bribe, dans aucun écho. Depuis pas mal de temps. Il y a aussi tout le reste, le corps, la nourriture, la parole qui pourraient concourir au titre du « meilleur pire ».

Eh bien, non, le pire ce sont les chaussures à scratch. Des sandales ouvertes l'été. Des sortes de Méphisto, le reste de l'année.

Les chaussures, je ne les sentais pas sur la ligne de départ pour la course de la douleur. Ni dans la corde. Bonnes outsiders, elles sont arrivées premières. Ce n'est pas l'absence de lacets. C'est dommage. Cela aurait été bien, les lacets. Pratique et facile : le lien. Oui, le lien, défait. Le double nœud. Le nœud. La boucle. Quel pouvoir symbolique !

Quelle symphonie métaphorique. Ce n'est pas ça. Je me suis penchée, j'ai plusieurs fois noué les souliers, encore à lacets (j'avais jusque-là l'habitude de tout petits pieds) et ça ne m'a pas terrassée. Ça m'a juste un peu gênée, ce sentiment de me prosterner.

C'est la texture molle pour pieds fragilisés qui m'a d'abord troublée. Le côté « confort » m'a déstabilisée (nul chausson n'avait touché ses pieds, combien de bottes lui ont abîmé le mollet ?). Le contraire de ce qu'il a été (combien d'hommes en jogging a-t-il fustigés ?). Le côté « pratique » m'a fait vaciller. Puis la languette, lourdement collée, ça m'a écroulée.

Les rampes le long du couloir n'ont été d'aucune utilité, c'est à l'intérieur de mon cœur que ça s'est passé.

Le reste, tout le reste, la perte, les manques, les oublis, les signes d'incapacités, ils sont arrivés par petits paquets, ils avaient quand même une forme de continuité avec l'être qui avait toujours existé. Là, pour employer des grands mots, avec ces pieds, ces pieds sénilisés, débilisés, amollis, scratchés, j'ai eu le sentiment d'une rupture, allez, ontologique, anthropologique, civilisationnelle, psychologique. Bref, merdique. Dans leur langage de chaussures, les scratchs semblent hurler à la face du monde : « Je suis devenu con. » Ce sont des chaussures de benêt, des godillots ballots. Des pompes dégradantes et stigmatisantes. La lettre écarlate avec semelle alanguie obscène, cuir affalé et langue vulgaire, pendue en travers, bavant l'infirmité.

Au panthéon des chaussures magiques, des chaussures maléfiques, voici advenue la chaussure tragique : en un tournemain, elle abolit des décennies de civilisation, de culture, d'humour, de liberté, d'inventivité. Elle massacre tout ce qui dépasse, elle terrasse tout ce qui reste. Elle aspire l'être vers un monde accablant. Qui n'est plus celui de la maladie, des manques et des symptômes. Non, elle fait pire que ça : elle travestit. Et en cela, elle anéantit.

C'est peut-être le signe qu'il faut arrêter de regarder ses pieds, nos pieds, se relever et, enfin, affronter. Cesser de se regarder regarder. Se lever et quitter le couloir orangé. Sur la plante des pieds comme l'enfant que l'on a toujours été. Et que l'on aurait voulu rester.

Les perruches

Dans l'entrée de l'Ehpad, il y a une cage avec des perruches. Nous allons les regarder. Je me penche vers les oiseaux, je conseille à mon père de les observer. Il se penche. Je suis contente, pour une fois, il va regarder ce que je lui montre. Il se penche encore. Est-il intéressé par les animaux ? Est-ce qu'ils attirent son attention ? Mon père se penche encore. Et là, il m'embrasse le crâne sans même jeter un regard à l'oiseau.

Je suis surprise. Pas déçue : c'est bien aussi que je sois encore un peu dans son champ de vision.

Les autres

Dans un premier temps, je m'étais dit que la solution, pour ne pas avoir peur de l'Ehpad, de sa haute concentration en vieillesse et déchéance, c'était de faire abstraction. De ne voir que mon père et de ne pas prêter attention aux autres résidents. Sans lien avec eux, car je pensais que leur présence ne pouvait être qu'insupportable et déprimante.

C'est le contraire. Il faut imaginer des gens parfois totalement isolés. Sans famille ni enfants. Qui restent toute leur vie dans l'unité fermée, dans cet étage limité. Des gens de tout âge (de 70 à 100 ans environ), perdus, malades, désorientés mais capables de parler, de rigoler, d'aimer. De serrer dans leurs bras des peluches, des poupées. Cette vision, au départ, me semblait d'une indépassable tristesse. Mais il faut se méfier des images et des signes qui peuvent accabler, que l'on ne cesse, masochistement, d'invoquer. Certes, parmi les résidents, il y en a aussi de complètement assommés, très vieux. Certains, antipathiques, vous regardent, se méfient. D'autres sont désormais incapables de marcher et d'échanger. Mais, globalement, ce n'est pas l'effet que ça fait. À eux tous, depuis que je les connais, ils ne cessent de me réconforter.

Mon père est le benjamin de l'équipée. C'est le plus isolé, celui qui peine le plus à communiquer. Bref, c'est de loin le plus cinglé. Il est étrangement intégré. Comme un être singulier qui ne s'arrête jamais de marcher. Une sorte de bel homme qui ne se pose ni ne s'assied. Un vagabond voûté aux yeux bleus qui déambule comme bon lui chante.

Il y a principalement des femmes. Un ou deux hommes portant beau, parlant bien, viennent ajouter ce qu'il faut de commerce raffiné. Mon père, perçu dans un premier temps comme une menace, a fait les frais d'une petite rivalité dans la virilité. Il a été vite évident qu'il ne présentait aucun danger, qu'il n'en avait rien à faire de ces belles femmes aux chemises de nuit fleuries, aux regards tristes ou espiègles qui ne manquent pas de faire de lestes commentaires devant la télé.

Chez les autres résidents, après avoir été effrayée, j'ai trouvé de la complicité, de la fixité (ils sont assis, je n'ai pas besoin de leur courir après). Un manque tragique d'amour et de proximité. Une immense envie de rigoler. Ce que l'on fait, d'ailleurs. Avec eux, je peux discuter, me poser, plaisanter. Certains, parmi eux, sont d'une incroyable gaieté.

Ils ont des coiffures neuves et des ongles faits, les beaux jours. Puis des mauvaises journées ensommeillées, des soirs de pluie à la déprime achevée, des cheveux ternes et des cernes à crever. Des errances qui, selon l'heure, le jour et l'humeur sont tragiquement dénuées de sens ou pleines de la légèreté improvisée de ceux qui sont délestés. Pour une partie d'entre eux, ils sont enfermés là-haut sans visite ni sortie : depuis quand n'ont-ils pas senti le vent ou le soleil sur leur visage ? Ou même la pluie ? Sortiront-ils encore, un jour ? Ou iront-ils de leur chambre à la chambre froide puis aux pompes funèbres ?

Ici, tout est possible, tout est à faire, tout est à inventer. C'est à nous de nous en occuper. Jour après jour, on découvre leur passé, leur métier qu'ils sont, pour la plupart, incapables de raconter. J'en sais peu, mais c'est bien assez. Que ferais-je de souvenirs, de connaissances dont ils sont eux-mêmes privés ? Il n'y a pas à creuser, juste à rire et se rapprocher pour, comme des silex, faire des étincelles et se réchauffer. Maintenir la vie qui a vite fait, comme une marée, de reculer. Parfois, le matin, ils sont tous endormis sur la table du petit déjeuner. Mon père, seul réveillé, passe comme un prince charmant qui n'en a rien à péter. Le conte de fées, ce n'est pas sa spécialité.

Les résidents, ce sont eux qui me consolent, me donnent envie de venir. J'ai l'impression que, bien qu'ils m'aient chaque fois oubliée, ils sont contents de me retrouver quand mon père continue son soliloque fou.

Ils me couvrent de compliments sur mon âge, ils me trouvent jolie, aiment mes dents, un vêtement, la capuche de manteau qui est douce au toucher. Ils regrettent simplement que j'aie épousé mon père, que j'aie choisi un type aussi limité. Je leur explique que je suis sa fille. Ils semblent en douter. Ils trouvent que je ne lui ressemble pas du tout. Et continuent de penser que j'ai quand même manqué de sagacité. Que vraiment, un type comme ça… Ils ne terminent pas leurs phrases, ils font des mines dégoûtées, au mieux dépitées.

Difficile

Il est à part. Trop, sans doute. Du coup, nous avons peur qu'il se fasse virer de l'Ehpad. Très peur. Les gens, résidents ou personnel, se plaignent de ses conneries. Et puis, il ne « sociabilise » pas. Il est singulier, il fait les choses à sa manière. Parfois, il ébouriffe des dames (qui, heureusement, n'ont pas loisir de tweeter pour le balancer). Tout le monde s'est un peu habitué.

Mais il renverse des objets, les dissémine. Il « se met en danger » en buvant tout ce qui est à sa portée. Il continue à ne pas être sensible aux formes d'autorité infantilisées. On nous l'a bien expliqué, il est difficile. Il est jeune, il est fort. Il n'arrête pas de marcher.

On pourrait proposer de l'amputer. De lui briser les rotules. Ou de l'attacher. On pourrait, sinon, interdire la maladie d'Alzheimer à tous ceux qui ne l'ont pas mérité, qui n'y sont pas disposés, à tous ces jeunes pas encore écroulés qui pèchent par trop de vitalité. J'ai un mauvais esprit. Évidemment que ce n'est pas facile. Pour tout le monde.

Le problème, c'est qu'il est malade. Et c'est justement la raison pour laquelle il est là. Le problème, c'est qu'il est jeune. C'est précisément pourquoi ce n'est plus possible ailleurs.

On nous propose un médicament. Nous acceptons qu'il prenne un traitement assez lourd puisqu'il s'agit de neuroleptiques. On n'a pas envie qu'il se fasse renvoyer. On verra bien ensuite si on le retrouve endormi toute la journée.

Nous avons la conviction douloureuse et comique d'assister à son conseil de discipline.

Nous sommes remplies, ma mère et moi, d'un sentiment de désarroi parental, sans pouvoir proposer de le priver de jeux vidéo et d'ordinateur jusqu'à la fin de l'année s'il n'améliore pas son comportement. Que pouvons-nous y faire ? Que dire ? Que proposer ? Quelle est notre responsabilité ? Que reste-t-il de la sienne ? Qui doit assumer ?

Je ressens aussi un peu de fierté : je ressemble à ces parents, en réunions parents-profs, qui cachent mal que ça les amuse que leur enfant foute un peu le bordel, qu'ils trouvent ça un peu héroïque, original, gonflé. On a le pire Alzheimer, le moins discipliné, le moins soumis. Mais aussi le plus gentil et le plus joyeux.

Bref, c'est notre petit chéri. Son cerveau est gâté d'être pourri. Pas l'inverse.

Conseil de discipline

Ça arrive de se faire virer ? D'un endroit comme ça ?

Lui, ça lui est déjà arrivé. Autrement. Il y a cinquante ans. Du lycée Louis-le-Grand, en mai

68. Il était alors en hypokhâgne. Il ne l'a d'ailleurs jamais tout à fait quittée. Mais il a été viré. Comment ? Tiens, j'ai oublié de le lui demander. Je n'ai jamais eu vraiment envie de savoir, il faut dire. Ce qui était en 68 doit rester en 68. En tout cas, cette époque, c'est celle qui est pratiquement restée, presque en dernier. Ma naissance, ma vie étaient depuis longtemps occultées. C'est peut-être ici, au milieu des débris, ce qu'il reste de l'utopie.

Cette possibilité donne un sinistre sentiment de cohérence dans la vie. Le délire collectif se termine en collectivité du délire.

Non, là, je m'égare dans une forme de téléologie. Dans deux lignes, je dis que tout le monde a été puni. Ou que rien n'a été accompli. C'est qu'on se trouve ici démuni. Nulle idéologie, nulle téléologie, nulle théorie ne peut consoler de ce qui n'a pas été fini.

On vient de fêter l'anniversaire de Mai 68, avec, comme poilu à son corps défendant, comme vétéran récalcitrant, le brillant Dany.

Lui, il est resté ici. Tout seul, enfermé dans sa maladie, loin des bougies.

Amendement

L'idéal serait qu'il aille dans un autre établissement. Le temps qu'il « s'amende ». Je demande à ma mère de répéter. Est-elle sûre que c'était ça, le mot qui a été employé ? Elle l'est.

Comme mon père n'est pas en mesure de s'excuser du tort qu'il fait à la société, au système de santé, aux maisons médicalisées, on imagine alors qu'il va aller faire un tour ailleurs, histoire de réfléchir aux conséquences de ses actes, comme on envoie un enfant colérique se calmer dans sa chambre. Il reviendra quand il sera assagi ; il faut entendre par là anéanti.

Je cherche le mot « amender » dans le dictionnaire.

Il y a l'idée d'amélioration : elle est dans son cas incertaine. Sauf si l'on considère qu'un peu plus de dégénérescence, moins de validité, plus de léthargie seront bénéfiques. Mais bénéfiques à qui ? Cela signifie, en réalité, que ce sera plus pratique. Ce sera un mieux pour l'organisation, le soin, l'encadrement. Plus il ira mal, mieux cela ira ; plus il se détériore, plus ça s'améliore.

Il y a aussi l'idée de correction. Et donc celle de faute ou de culpabilité, cette culpabilité que l'on retrouve, en ce qui le concerne, à chaque coin de phrase. Celle-là-même qui blesse, accable, contre laquelle il est difficile de lutter et de résister : on est la famille du mauvais malade.

Il y a bien sûr, dans les définitions possibles, la modification d'un texte par une « assemblée délibérante ». Ce n'est pas absurde, car la question est éminemment politique : que faire d'un homme qui dévie dans sa manière de dévier, qui emprunte, pour sa sortie de route, des chemins de traverse ? Que faire des types qui ne déclinent pas comme ça nous arrangerait ? Qui ne se contentent pas de ne plus servir à rien ? L'assemblée délibère mais ses membres ne parlent pas de la même chose : les uns cherchent à sauver l'homme, les autres à préserver le système. Qui doit-on modifier ? La modification de mon père se fera d'elle-même, c'est l'avantage. Elle est inéluctable : autant lui demander de faire le travail.

Mon père fera-t-il « amende honorable » ? C'était autrefois le pendant profane de la confession, une manière de demander publiquement pardon à la société, pour les crimes que l'on a commis.

Restent à trouver le crime, l'arme, le mobile... Peut-être le terme « émonder » aurait-il été plus approprié : mon père devrait partir le temps de se débarrasser de lui-même, de couper les trucs qui dépassent, les branches mortes et autres parasites qui le rendent si difficile, qui l'empêchent de rentrer dans les cases, d'être un malade homologué, « emballé c'est pesé », « prêt à emporter », « *plug and play* ».

Doute

J'avoue au médecin de l'Ehpad, un peu par provocation, que j'appelle « conseil de discipline » les réunions avec elle, que nous les appréhendons terriblement. Elle me répond vertement que si elle souhaitait à tout prix le départ de mon père, il lui suffirait d'un coup de fil. Cela me calme : ce n'était pas une menace mais ça remet les choses en place. Je me tasse dans mon siège. Elle nous propose juste un autre endroit, qui serait plus adapté. Mais plus loin ou plus cher.

Nous discutons pied à pied. Je suis convaincue que nous ne sommes pas comprises, que notre point de vue, qui est, en toute modestie et simplicité, celui de l'humanité, de l'humanisme et de l'existentialisme réunis, n'est pas pris en compte. Je suis consciente de l'état de mon père, je ne suis pas dans le déni, j'en suis assurée. C'est le système qui est délirant, injuste. Je me sens lucide. Mon expérience et mes révoltes d'enseignante me paraissent appuyer mon discours.

J'explique que j'ai l'impression que mon père a fini par incarner aux yeux de tous l'ensemble de tous les problèmes et dysfonctionnements de l'Ehpad, et plus largement du fait qu'il y a des malades sur terre dont on ne sait que faire, que tout rapport est à charge, que l'on fait une fixation sur lui. *In foro interno*, je pense à *Billy Budd* de Melville. L'Ehpad est un navire, une nef des fous et mon père finira sacrifié (je repousse l'idée que mon père en devienne une sorte d'icône homo-érotique, je ne suis pas encore en âge de l'accepter, mais ça viendra). J'ai des théories sur ce qui ne va pas. Et j'aime mon père. J'ai l'intelligence du cœur et le cœur de l'intelligence : c'est du moins ce que je crois.

« Mais les autres aussi, ils font des conneries. » En disant cela, je signe, à mes yeux, mon arrêt de mort. Combien de parents convoqués au collège ai-je entendu prononcer ces mots ? Combien de fois j'ai trouvé ça exaspérant ou désarmant ? Il y a quelque chose de bloqué chez moi que je n'arrive pas à dépasser. Je ressemble à tous ces parents désemparés, tendus, méfiants que j'ai vus défiler. Je suis prête à tout pour qu'il reste.

Serait-il mieux autre part ? Il s'en ficherait sans doute. Ce serait peut-être mieux pour lui ailleurs.

De mes fenêtres, depuis ma chambre, je vois la porte de Bagnolet où se trouve un établissement qui, nous dit-on, serait plus adapté. Ça me semble si loin. L'idée de le savoir là-bas, dans le lointain (relatif, certes, mais pour un Parisien...), me submerge de chagrin. Que je l'imagine à cet endroit qui, depuis les fenêtres de chez moi, se résume à un point, repéré grâce aux tours Mercuriales, ça m'est insupportable. Sa mise à distance serait visible à chaque heure de la journée. Et voir mes parents siamois séparés me paraît une monstruosité. Porte de Bagnolet, il serait abandonné, loin de son quartier. Un quartier qu'il ne visitera sans doute plus jamais.

Il paraît aussi qu'on aménage des endroits pour les « jeunes Alzheimer » dans lesquels il serait mieux : j'imagine un truc super junior avec des paniers de basket, des canapés colorés, un frigo américain, une sorte de loft de téléréalité ultra-sécurisé où l'on ne peut pas se blesser.

Ici, il y a le jardin si beau à partir du printemps. Il y a les autres résidents auxquels nous sommes attachées. Il y a l'étage, la rue, l'arrêt de bus, les habitudes. En un an, c'est devenu notre repère. Ici, le temps semble s'être fixé, mon père continue de dégringoler mais dans un cadre délimité.

Si je suis bloquée, c'est que je ne veux pas tout recommencer, m'habituer, sonner, me présenter, découvrir d'autres résidents ailleurs, dans une autre rue. Ici, je suis rassurée. Tout est tellement défiguré et reconfiguré que cette unité de lieu, je veux la garder. Je veux qu'on cesse d'être bousculés, je veux qu'on s'arrête pour souffler. Mon père ne peut pas encore déménager.

Si je suis bloquée, c'est aussi parce qu'en nous disant qu'il pose problème, pour lui comme pour les autres, on redouble la souffrance de la maladie. Cela donne le sentiment qu'il n'a pas le niveau pour rester, qu'il est différent des différents (ce dont nous nous targuons aussi à l'occasion), qu'il est un moins bon malade, que même ça il le rate. Son infirmité est ainsi décuplée, aggravée par son incapacité à rester dans cet endroit.

Quelle est l'origine de cette différence ? J'entends passer le mot « positionnement » : a-t-il décidé d'être un malade de ce type ? Est-ce une attitude vis-à-vis de la maladie ? Est-ce dans la continuité de son caractère ? Subit-il cette manière d'être ? À chaque question nous pouvons répondre par l'affirmative comme par la négative selon ce que cela pourrait dire de lui. Nous voulons sauver son image parmi tant d'autres choses. Et nous ne supportons pas l'idée, même fantasmée, qu'il soit rejeté.

Existe-t-il seulement une manière juste de parler de son comportement et de son attitude qui respecte à la fois son irresponsabilité et ce qui lui reste de liberté ? Peut-on se débarrasser à si bon compte de l'idée qu'il est encore l'auteur de ses actes, un sujet, quand nous cherchons par ailleurs, à tout prix, à préserver son intégrité et sa dignité ? Dans ces conversations, chacun passe son temps à se contredire, parce que c'est impossible à dire, à définir, l'état dans lequel il est. Lui seul le sait.

Nous sommes prêtes à tout proposer : venir tous les matins, tous les soirs, le garder, le surveiller, lui donner des médicaments. Il est évident que de l'extérieur nous n'avons pas l'air déterminées mais complètement, profondément désemparées. Peut-être même faisons-nous pitié.

À la fin de l'entretien, le doute s'est immiscé. Je me demande si je suis la mieux placée pour en discuter. Je suis paumée. Et, donc, bloquée et obstinée.

Mais après tout, suis-je obligée d'adopter le point de vue le plus sensé ?

Déflagration

Nous attendons, ma mère et moi, le médecin dans le couloir. Nous ne connaissons pas bien cet étage de l'Ehpad. Nous sommes, comme chaque fois, angoissées depuis plusieurs jours. Nous imaginons le pire, en riant, c'est notre manière de résister : une proposition d'euthanasie, une sentence d'exécution, l'obligation de faire sa valise et de le ramener à la maison, un cancer généralisé. Ou qu'il est guéri. Nous rivalisons d'invention.

Derrière la porte verte d'une chambre nous entendons soudain « *allahou akbar* ». Une fois, deux fois, trois fois. C'est un vieux monsieur qui prie tranquillement dans sa chambre. Cette prière se mêle aux échos des attentats récents ainsi qu'aux plaintes lentes et longues qui s'échappent d'une autre chambre. Nous éclatons de rire, cela nous apaise immédiatement. Nous avions imaginé le pire mais pas l'attentat. Qui voudrait tuer des gens dans cet état-là ?

Nous rions encore. Puis notre humeur retombe un peu plus bas.

La norme

Mon cerveau est partagé entre deux réflexions que je croyais parallèles alors qu'elles sont similaires : le collège et l'Ehpad.

Au collège, j'ai cette année un élève excessivement difficile. Nous sommes quelques-uns à tout faire pour qu'il ne soit pas viré. Ce serait pourtant la meilleure manière de nous débarrasser du problème, de trouver une solution. Force est de constater, en effet, que nous n'en trouvons pas. Je ne peux m'empêcher de remarquer que lorsque cet élève n'est pas dans mes cours (absence, exclusion), la tension redescend de mille crans, je suis plus sereine, tout est plus facile.

Ce serait aussi plus facile, puisqu'on y est, sans tous les autres élèves. Je n'ai pas choisi ce métier pour sa facilité. J'aime sa part de responsabilité, je désire lutter pour l'assumer : cet élève qui me fatigue, déroute, m'angoisse, je dois, avec d'autres, m'en occuper. Tout en sachant que je n'ai rien d'exceptionnel à proposer, que les autres élèves prennent un peu leur part (je veux dire qu'ils en pâtissent) de ce choix qui, l'air de rien, concerne la société, l'humanité. Je sais aussi que l'échec est sans doute programmé.

Les allers-retours entre l'Ehpad et mon métier ne cessent de s'alimenter. Peut-être de créer de la confusion.

Au collège, les élèves handicapés, ce qui n'est pas le cas de celui que je viens d'évoquer, bénéficient d'un auxilliaire de vie scolaire qui les accompagne toute la journée. Mon père fait figure de handicapé handicapé : il devrait être accompagné toute la journée. Je ne suis pas certaine qu'il existe de dispositif pour les handicapés au carré. À moins de l'enfermer chez les grands fous en zone capitonnée : c'est de fait ce qui nous est quasiment proposé.

Il y a donc la norme. Puis les élèves et les résidents « difficiles ». On entend par « difficile » l'impossibilité, l'incapacité ou le refus de se plier aux règles, une certaine manière de se détacher du groupe, de demander une attention et une surveillance constantes, d'obliger enseignants ou soignants à sortir de leurs habitudes, méthodes, schémas, convictions parfois. L'élève facile fait tout ce qu'on dit, le résident facile aussi. À l'occasion même, il est abruti (parfois, l'un comme l'autre, par les médicaments).

Pour tous, les priver « de sortie jusqu'à Noël » n'est en général d'aucune utilité (même si, pour les élèves, on fait semblant de le croire). Pour tous, c'est souvent mal barré (même si, pour l'un, c'est la vie, si surprenante heureusement, qui l'attend, alors que, pour l'autre, c'est la mort). Pour tous, les familles sont désarmées, culpabilisées. Ou fuyantes. Pour les uns comme pour les autres, ceux qui encadrent sont démunis, fatigués, mal considérés, mal payés, souvent isolés. Trop peu écoutés. Pour les uns comme pour les autres, on ne peut ignorer les conséquences sur le groupe qui les entoure, qui subit.

Le système est ainsi fait. Mon père n'est pas fait pour lui. Et, cela semble tout à fait normal, c'est donc à lui de payer, d'assumer. Il va finir par se faire virer. Il va finir par quitter le système, il va finir par décrocher.

Et c'est là, au collège, comme en Ehpad, qu'apparaissent les pouvoirs de l'imagination (une certaine capacité à sortir du cadre, des automatismes, à inventer), la question du lien, du sens (en Ehpad, elle est tellement déchirante), de la reconnaissance de personnalités hors normes (professeurs ou aides-soignants) et de la responsabilité.

Convergence des luttes

Pour une fois, nous allons le cœur léger à cette réunion que nous n'appelons plus le « conseil de discipline ». Ma mère m'a même dit que ma présence n'était pas nécessaire. Mais j'y suis allée quand même. Insouciante : j'avais décidé d'être d'accord pour tout. Je suis animée d'une envie de « lâcher l'affaire », de nous délester du choix. Je ne suis plus combative ni en colère.

Nous ne sommes pas quatre ou cinq comme d'habitude. Nous ne sommes pas dans le petit bureau mais dans le réfectoire. En face de nous, il y a 7 puis 9, puis 12 et, enfin, 17 personnes. Il faut réunir trois tables. Il y a des membres de la direction, des aides-soignantes, des infirmières, des médecins, des professions diverses (psychologue, kiné, animation). Tous s'occupent de mon père. Ils le voient plus que moi. Ils sont très nombreux et nous sommes deux. C'est impressionnant. Je suis accablée, avec ma mère nous nous lançons des regards effrayés : un procès.

Je pourrais me dire que c'est une heureuse initiative, que cela montre à quel point le cas de mon père et notre souffrance sont pris en considération. Mais je me mets à pleurer : j'ai l'impression qu'on a appelé des renforts, qu'on a prévu un dispositif policier et trois cars de CRS tant le comportement de mon père est terrible. Ce n'est pas ce que j'avais prévu. Je pensais davantage soutenir ma mère et l'aider. Je me sens honteuse. Au moins, ça a le mérite de fournir un résumé rapide de mon point de vue.

Mon père est depuis presque un an dans cet Ehpad et l'on nous demande de le présenter. A-t-il des préférences alimentaires ? Une religion, des phobies, des goûts particuliers ? On le décrit maintenant, mais surtout avant, quand il n'était pas malade. Nous le présentons. Cela nous fait chaud au cœur. Quelques aides-soignantes racontent des bons mots qu'il a pu faire, le décrivent, font, avec humour et gentillesse, la liste de ses conneries. Nous nous sentons complices malgré une méfiance mutuelle dont personne n'arrive tout à fait à se départir.

Comme dans les commissariats, cet interrogatoire biographique est bien fait : il a permis d'installer un terrain favorable pour parler des choses qui fâchent. Les problèmes posés par ses déambulations (très tactile, c'est Attila, les objets ne repoussent pas après son passage), le sentiment, de la part des soignants, de n'être ni écoutés ni reconnus, l'impression, de notre part, qu'on nous culpabilise, qu'on a pris en grippe mon père, que le but, c'est de l'éjecter. Nous parlons. Peu à peu, les malentendus se dissipent. Une aide-soignante me dit avoir été blessée par un billet de blog que j'ai consacré à la situation de mon père dans cet Ehpad (dont le nom n'avait pas été mentionné) et qui a été très lu. J'en suis désolée, ce n'était pas le but, évidemment. Elle me l'explique calmement et je comprends. Une autre, plus concernée par le billet en question, se justifie d'une manière si agressive que je peine à l'écouter. Cette agressivité même est le problème. Les deux discours, la différence de ton me permettent de comprendre encore une fois qu'il est avant tout question d'individus, que le « système » vient en second plan. J'en profite encore pour déclarer à l'une d'entre elles à quel point sa présence et son travail sont salvateurs pour moi, qu'avec elle je pourrais tout supporter : mon père par terre, la nudité, la laideur de la maladie.

Nous mettons les choses à plat. C'est difficile pour tout le monde. Nos difficultés parviennent parfois à s'aligner. Nous nous tenons en face, plus en quinconce.

À la fin, la réunion se délite un peu. Nous déconnons, plaisantons, imaginons des trucs cons, blaguons, nous nous réconfortons, nous dissipons, du moins avec ceux pour qui c'est possible, les malentendus. Nous n'oublions rien, mais nous gagnons en liberté.

Là, je prends conscience que ce qui m'apparaissait comme un procès, c'étaient deux heures consacrées à mon père. Ce devrait être normal et réservé à tous les résidents, mais c'est un privilège. Pour la première fois, nous parlons tous du même homme, tous les regards et points de vue se croisent et se mêlent et font le portrait des difficultés, des joies, des souffrances causées par la maladie ou un homme, toute tentative pour différencier l'un de l'autre s'avérant vaine et spécieuse.

Cet homme, quelques étages plus haut, a dû encore faire douze mille conneries pendant notre réunion, sans même se soucier de ce qui se passe. Nous sortons épuisées, avec ma mère. Sagement, nous repoussons l'idée d'aller boire quinze whiskys, la journée n'est pas finie. Nous avons le sentiment d'avoir été bousculées (l'image qui me vient est celle d'un quinze-tonnes roulant sur nous), mais nous voyons clairement que ce moment collectif, tout violent qu'il ait pu être, a été pensé, organisé, préparé (toutes ses phases ont été soigneusement agencées). Nous avons rencontré de la fermeté, de l'autorité, de l'attention et de l'écoute. Du respect, aussi. Je me sens éperdue de reconnaissance devant cette intelligence.

Une voix dans le lointain : « De toute façon, il n'a pas sa place ici. » Trop fatiguées, nous laissons passer. Cette phrase ne va pas nous décourager. Elle laisse cependant présager que rien n'est gagné : des couleuvres, nous allons encore en avaler. En quantité.

La fosse commune

« Au milieu du chemin de notre vie, je me retrouvai par une forêt obscure. »

Le sentier de la maison de retraite serpente, malhabile et irrégulier. Les bancs sont trop hauts, de travers. On peine à s'y asseoir. À s'en relever. Le chemin traverse deux grands potagers en forme de cercueil dont l'un contient de la lavande. Il y a comme une petite forêt. Une mare aménagée. C'est un îlot de verdure qui, à grands traits, pour des hommes et des femmes assignés à l'obsolescence et à la démence, se doit de résumer la nature.

Un jour, tout a changé. Le sentier a été éventré, les travaux ont commencé. La lavande a disparu. Le bac en forme de cercueil a été démoli. Nous arrivons dans le jardin, de grands tas de terre sont édifiés. Le sentier a été creusé. C'est une longue et profonde fosse qui suit bien précisément son ancien tracé. Des feuilles mortes sont tombées : un vieil homme en chaussons se sert de ses béquilles comme d'une pince pour les ramasser.

Non, non, je dois résister. Mais c'est plus fort que moi, je vais y penser. Tous les vieux qui vivent ici vont y être jetés, ils vont être assassinés, puis enterrés. Non, ça ne va pas se passer comme ça, en vérité. Mais c'est comme si c'était déjà fait. Je ne peux faire autrement que de m'insurger, ces trous béants, c'est complètement déplacé. C'est une provocation morbide éhontée. Un manque de tact avéré. C'est, exposé, tout ce que l'on se retient de penser, tout ce que l'on a envie de hurler (« vous êtes ici pour crever »), tout ce que l'on ne veut pas regarder, bien trop occupés à chercher la vie dans un monde à moitié endormi.

Si les images macabres ne cessent de me hanter, c'est que j'ai dans l'idée que tous ces gens n'ont pas été confiés mais qu'ils ont été livrés. Que leur dignité ou leur humanité n'est pas au cœur du projet. Il y a l'angoisse, souvent injuste, qu'ils ne soient pas considérés, qu'ils soient dans une chaîne cynique qui pourrait m'échapper.

Peut-être après tout n'est-il question ici que de ma culpabilité.

Peu à peu, le sentier est de nouveau comblé, les travaux sont terminés. Pour la plupart des résidents, il représente l'ultime circuit, le dernier trajet. Le chemin est solidifié, dallé, restauré. Il est terriblement propret (trop pour être tout à fait honnête, d'ailleurs). Sa trajectoire n'a pas été modifiée. Nous allons pouvoir de nouveau l'emprunter, continuer ces tours émouvants où nous nous en allons en discutant. Se donnant le bras en évoquant chacun n'importe quoi. En allant n'importe où. Marchant sur la fosse inconsolée. Non comblée. De désirs d'achèvement impensés.

On aurait peut-être mieux fait de s'y jeter. Ce serait fait. Mais enfin, tant que la vie fait encore effet...

La faune

On emprunte un *opus incertum* (ma grand-mère répétait cette expression à l'envi) et l'on arrive devant un petit bassin entouré de rochers. Le faux héron veille sur lui. Les nénuphars sont doucement posés : cet hiver, ils ont dû geler.

Aux premiers jours du printemps, après la fonte, des poissons rouges ont été ajoutés. Ils sont là, heureux. Ce n'est pas très grand mais on ne les plaint pas.

J'essaie de les montrer à mon père qui ne les voit pas. Il ne tourne pas son regard vers le bassin.

En haut de l'arbre, juste à côté, il y a un nid. Il est très haut, presque à la hauteur de sa chambre. Que l'on soit en haut ou en bas, il ne le regarde pas quand je le lui montre. C'est lui, et lui seul, qui décide quel sera son paysage, ce qui attirera son attention. Peut-on encore parler d'attention, d'ailleurs ?

Moi, j'aime bien regarder les poissons. Et je pense à Apollinaire : « Dans vos viviers, dans vos étangs, Carpes, que vous vivez longtemps ! Est-ce que la mort vous oublie, Poissons de la mélancolie. »

Est-ce la mort ou la vie qui les oublie ? Résidents de la mélancolie.

À deux pas du bassin, une chouette : c'est un « animal décoratif en résine plastique haut de gamme pour la décoration extérieure. Sujet peint à la main réalisé avec le souci du détail et de la qualité. L 17,2 × l. 14,2 × H 31,5 cm ». La statuette est posée sur le côté du sentier. Nous aimons bien la regarder, la manipuler. Avec ma nièce, nous lui faisons faire de la trottinette. Nous lui posons des escargots sur le dos. C'est notre mascotte.

Semaine après semaine, la chouette est davantage fracturée. Elle a désormais le crâne défoncé, mais son regard reste aiguisé.

Je ne peux m'empêcher de penser à Hegel : « Lorsque la philosophie peint sa grisaille dans la grisaille, une manifestation de la vie achève de vieillir. On ne peut la rajeunir avec du gris sur le gris, mais seulement la connaître. Ce n'est qu'au début du crépuscule que la chouette de Minerve prend son envol. » La chouette en résine a encore des ailes, mais plus de boîte crânienne. Tout cela ne me dit rien : si, dans une telle obscurité, elle venait, en effet, à s'envoler, je crains que ce ne soit pour aller se fracasser avec une violence décuplée. Inutile d'espérer.

Saint Jean-François

Mon père siffle. Il siffle incroyablement bien. Je ne sais s'il sait encore faire d'autres choses aussi bien. C'est extrêmement mélodieux, subtil, joyeux et lumineux. C'est varié, le son est précis, net.

Encore une fois, des idées un peu *new age* m'assaillent. Ou des visions catholiques. Il parle aux oiseaux, il communique avec la nature (et deux pigeons parisiens laids). C'est Jean-François d'Assise entre le soleil, la lune et la création.

En quelques secondes, les visions morbides s'effacent, il n'y a plus que l'herbe, les fleurs et l'odeur du café. Le lieu change, ce sont les cafés après le repas au jardin chez mon arrière-grand-mère près de la cabane en buis, c'est ma grand-mère qui apporte un grand plateau sous le platane avec un petit sucrier.

C'est le monde, son monde, le mien aussi, qui nous rejoint quand il le siffle. Il le fait advenir. Les charniers sont éloignés, une autre vision du monde les a supplantés. C'est celle dans laquelle il a été élevé. Loin des fosses qui sont des visions ashkénazes dont il n'a pas hérité, qui me viennent de ma famille maternelle et dont il est sans doute épargné. Il siffle et la nature est sublimée.

Je ne dois pas tout mélanger : dans sa tradition, il n'y a pas de quoi s'inquiéter. Il siffle et me voilà apaisée.

Dans la cabane

Il porte désormais une salopette. Je suis partagée. J'ai plusieurs options à ma disposition, plusieurs références ou orientation. Le plombier, l'ouvrier, les Temps modernes. Ou alors l'enfant, le petit enfant. Mon père me surnommait, petite, entre autres sobriquets, « Oshkosh-B'gosh », une marque ancestrale de salopettes américaines pour enfant ; il me soulevait souvent par les bretelles pour me faire rire. Est-ce que je me retrouve, enfant, dans sa silhouette ?

Je choisis de penser à Huckleberry Finn. *Tom Sawyer* est mon livre préféré, il contient tout ce qui continue à me faire rêver.

Je m'imagine mon père en orphelin perché au dernier étage de sa cabane Ehpad, qui vagabonde, erre et traîne en salopette toute la journée, préférant faire la vie buissonnière.

Le bonheur se réveille avec nous

Le printemps est passé dans le jardin, repoussant pour un moment la maladie et la mélancolie. Nous allons tous les deux respirer et fumer dans l'air frais. On va laisser passer un rat, marcher sur un sentier, admirer, chacun selon ses degrés, une forme sur le sol, un motif dans l'herbe, des cailloux éparpillés, des reflets dans le gravier, du soleil sur une feuille. Je nous crois panthéistes. Nous le sommes, en fait. Nous l'avons toujours été. C'est une vision familiale héritée, le côté enchanté par un petit bout de sentier. Nous voulons nous pencher, tout ramasser. Nous regardons nos pieds. Mais dans la main, c'est une sorte d'hommage à la beauté. Ce n'est pas une nouveauté, ni une communion inédite en paysage diminué.

Tout ça, nous l'avons toujours fait : les cailloux, les galets, les choses de mer égarées, les coquilles vides, les silex, le sable des Lofoten, le bout de bois, l'écorce. Sauf que, depuis plus de trente ans, nous ne nous donnions plus la main. On se contentait de marcher côte à côte. Parfois sans se rencontrer. Ce serait trop dire que l'on s'est retrouvés.

Nous sommes « demeurés dans la beauté des choses » pour reprendre les mots d'Aragon. C'est un dimanche comme il en a toujours existé. Pour une fois, on sent le bonheur de la continuité. Presque de l'éternité. On se croirait dans *La Cerisaie* de Tchekhov : « D'ici je regardais le jardin. Le bonheur se réveillait avec moi chaque matin, et c'était tout comme aujourd'hui, rien n'a changé. »

Une vieille dame s'arrête et s'assied avec nous autour de la large table en plastique de jardin. C'est charmant, la conversation est primesautière et légère. Je suis Mara Jean-Françoisovna.

Tout est paisible et doux jusqu'au moment où elle me demande à quel étage je réside et depuis combien de temps je vis ici.

La méchanceté des vieux… Tchekhov, toujours et pour toujours : « Alors, Pétia, pourquoi êtes-vous devenu si laid, si vieux ? ».

Planer

Il fait chaud. C'est difficile. Dans sa chambre, je suis désemparée. Je ne sais pas trop quoi faire pour m'occuper. Il marche, il s'en va, je le suis à travers les couloirs. Je décide d'arrêter. Je m'assieds.

Je mets un disque. Dylan. *Maggie's Farm*. Je le mets fort. Il est là. Nous dansons un peu. Nous n'avions jamais dansé, je crois. *Maggie's Farm* continue. « *I ain't gonna work on Maggie's farm no more* ». Plus jamais, tu l'as dit. La musique passe de pièce en pièce. Je me lève, la suis. Ils sont là, tous. Un peu écroulés. Certains enchantés et tout guillerets. « *Well, he hands you a nickel, he hands you a dime, he asks you with a grin if you're havin' a good time.* »

Mais, oui, on dirait qu'ils sont complètement défoncés. *More* de Barbet Schroeder, le retour. Vu comme ça, c'est sidérant. Une communauté de vieux hippies collapsés. Je les vois jeunes, je les vois autrement, je vois le *space Alzheimer* qui règne sur la terre. Cette vision est bien éphémère. Il y a tant de vide, tant de vie en sommeil, que j'ai tout loisir de délirer.

Nevermore

Devant nous, la grille de l'Ehpad. Nous la regardons. Nous regardons à travers. Au-delà, c'est la vie qui continue. Ici, de ce côté, c'est la vie qui s'affaisse. Dans une demi-heure, je serai de l'autre côté de la grille.

Nous sommes postés devant elle. Les passants, en général, évitent de nous regarder. Ce sont les gens normaux de la vie normale. Nous sommes sur le rivage, nous regardons paisiblement la vie partir. Nous la regardons continuer. Avec ses « plus jamais » : voir la mer, aller au cinéma, dîner au restaurant, faire du vélo, lire un livre, acheter quelque chose, demander son chemin, courir pour attraper un bus (notons qu'auparavant il ne le faisait pas non plus), découper avec des ciseaux, mettre son réveil à sonner, régler sa montre après le changement d'heure, attendre un appel, ouvrir une lettre, passer trois heures au téléphone pour régler un truc administratif, tailler un crayon, marcher le long de la Seine, avoir mal à la tête un lendemain de fête, tomber sur la fève, avoir honte d'un trou dans ses chaussettes. La liste est infinie, elle va à rebours de la vie, comme un gant que l'on retourne à l'envers.

J'ai juste le temps de sauter dans un canot, je m'enfuis, je passe la grille : je vis. Au pays des toujours et encore.

J'ai soudain envie de me couper les cheveux. Court, très court. À la Falconetti. J'ai des envies de Saint-Honoré, de Paris-Brest, de Pavlova, de barquette aux marrons, de deux barquettes aux marrons, de cinq barquettes aux marrons. D'un Mont-Blanc, aussi. J'ai envie d'un verre de blanc. Non, de rhum. De tonneaux de rhum. Un verre de whisky. Un verre de blanc. Ou bien je me fais une frange. Courte. Très, très courte.

J'ai envie de me gratter la peau. Méthodiquement. Je veux de la squame. J'ai très envie de démissionner. De me fâcher définitivement avec des gens. De me gâcher. De m'abîmer. J'ai envie de renoncer.

Comme il est plus simple d'acheter un Paris-Brest, plus simple et moins définitif, je pars en acheter un. Mais je n'en achète pas. Car, justement, ce n'est pas assez définitif.

J'ai envie que ça s'arrête. Je veux que ça cesse. Mais non… Je vais me coucher.

Mais il y a aussi ces jours où je sors, délivrée, heureuse, comblée et où je sens que tout peut enfin commencer. Ce que j'entends par tout ? Ma vie, en somme.

Une spécialité bien de chez nous

« La mer railleuse avait épargné son corps mortel pour engloutir l'immortalité de son âme, mais sans la noyer complètement. Elle était plutôt comme emportée à de merveilleuses profondeurs. Des formes étranges d'un monde premier glissaient devant ses yeux passifs. »

Hermann Melville, *Moby Dick*

Sur l'étal

Soyons honnêtes. Le sujet fait peur (je n'en ai pas trop parlé dès le début, au cas peu probable où vous ne vous en seriez pas aperçus). La maladie, le malade, la perte, qui en a envie ? Qui peut être assez masochiste, pervers ou désœuvré pour lire un livre consacré à la maladie d'Alzheimer ? Je ne vous insulte pas. Je vous comprends.

Qui, alors ? Pas les malades. Bien qu'un livre écrit à leur destination puisse ouvrir des perspectives inattendues. Perec aurait su en faire quelque chose de grand. Un chef-d'œuvre de littérature répétitive sur fond d'abîme sans repère et de contraintes mnésiques. Les proches d'un malade ? Peut-être. Les curieux de tout ? Malheureusement. Des gens prévoyants ? À quoi bon…

Il existe de nombreux livres à ce sujet. Je dois dire que je me suis juste contentée d'en consulter quelques-uns, les pires de préférence. Je les ai parcourus sur un pied, un œil à demi fermé, la page à peine étalée, cachée pudiquement dans les recoins santé des librairies. Comme si j'avais peur d'être surprise.

J'ai ainsi repéré quelques ouvrages qui essaient de faire croire qu'il y a des pistes, des modes de vie raisonnables, des manières de prendre la chose et des postures qui font de la maladie une croisière agréable pour l'enfer, qui donnent de joyeux tuyaux pour ne pas l'attraper à grands coups d'huile de coco, de gymnastique intellectuelle et de principes de vie terrifiants.

L'Alzheimer pour tous. Le régime Alzha-glucidique. Le mâle Alzha. Vingt-cinq postures de yoga pour pimper sa déchéance. Paroles d'Alzheimer. Eschatologie magazine : la maladie, grâce ou châtiment ? Dégénérer Hygge : le miracle nordique. La radicalisation cérébrale. Le cœur de palmier m'a sauvé. Tout sur les traitements miracles dont aucun ne marche.

Et si c'était une forme de mémoire différente ? Et si c'était juste une bizarrerie ? Et si c'était un malentendu ? Et s'il fallait dépasser nos préjugés ? Et si l'on changeait de perspective et que l'on traitait la démence en amie ? Qu'on lui permettait de s'exprimer en toute liberté dans nos vies cadenassées ? Et si c'était un signe, une tendance, une métaphore, une punition ? Pourquoi pas un poème ?

Ces livres, je les fuis. Cette maladie fait fuir de toute façon. Elle fait fuir la maladie, le cerveau, la vie. Les gens, aussi. À raison.

La malédiction

La dernière fois que j'ai vu ma grand-mère avant qu'elle meure, elle ne marchait plus, elle ne parlait plus, elle ne regardait plus, elle mangeait peu. Elle était malade depuis plus de vingt ans déjà. Elle n'avait pas 80 ans.

Alors que j'étais sur le seuil de la porte, elle a prononcé quelques mots. Nous avons tous entendu la même chose : le prénom de mon père. C'était pourtant impossible, enfin, cela nous semblait impossible. Ce serait un tel gâchis, un miracle de dernière minute, tellement inutile et cruel. Nous ne nous sommes pas étendus sur le sujet.

Quand il s'est avéré, peu après, très peu après, que mon père était aussi malade, nous avons conclu que c'était une malédiction. Elle avait désigné celui qui serait touché.

Dans un décor génétiquement modifié, nous jouons désormais à la patate chaude angoissée : qui, qui de nous sera le prochain ? Les aînés ? Les cadets ? Y aura-t-il des outsiders, des *remontada*, des sauts dans les générations, des oublis, des lignées, des épargnés ? Peut-on se dérober ? Peut-on échanger la maladie contre un plat de lentilles ? Est-il possible de faire une donation ? Existe-t-il des indulgences ?

Alzheimer, c'est donc chez nous une vibrante tradition. Pour laquelle nous paraissons, dans la famille, avoir une certaine vocation, une forme d'excellence : nous sommes meilleurs Alzheimer de France, médaille d'or de la dignité, palmes épidémiques du déclin. Tout y est : dignité, résistance, charme, gentillesse, humour, autodérision. Nous sommes même devenus assez forts en détection. Sauf, évidemment quand c'est l'un des nôtres dont il est question. Là, c'est dans le déni que l'on se vautre à l'envi.

Diagnostic

Quand le diagnostic est tombé, nous nous étions déjà tous faits à l'idée. Nous connaissions parfaitement la maladie. Nous savions que mon père était malade. Que la médecine le confirme, ce fut cependant d'une grande violence ; jusqu'à présent nous pouvions nous tromper.

Avant cela, nous avons un peu erré. Nous avons suivi des pistes pour nous rassurer. Était-il juste étrange ? Ou alors profondément déprimé ? Désorienté, incapable de se repérer ? Lassé de travailler, accumulant les fichiers, les versions, les textes parce que découragé ? Suffisait-il de manger sainement, de boire un peu moins ?

Mon père a commencé par faire des choses que je trouvais incroyables : scanner des épluchures de mandarines et les faire défiler sur un fond noir dans une fresque représentant l'épopée de Gilgamesh. Cela ressemblait aux vases grecs noirs à figures rouges. Il a fait quantité de choses de ce genre. Il en avait toujours fait. Mais là, ça gagnait en étrangeté, en beauté, en intensité. Plus il inventait, moins il travaillait. Plus les gens avec qui il bossait s'impatientaient, voire se fâchaient. Était-ce la maladie qui s'installait ? Nous avons tous voulu croire qu'il s'émancipait du travail et de ses contrariétés.

Il a arrêté de conduire, d'écrire, il s'est mis à dessiner, il a arrêté de se laver quotidiennement, un jour, il est tombé, mais il n'a pas pensé à nous prévenir, il a cessé de lire, il s'est perdu toute une journée dans la rue, a bloqué sa carte bancaire, il a cessé d'acheter, de sortir seul, de s'habiller.

Il n'a pas arrêté de faire du piano. Tous les jours, il a continué à jouer. Le son, le toucher ont évolué mais ça, c'était resté. Au fil des semaines, les mélodies ont disparu, il répétait des motifs saccadés, obstinés. L'angoisse avait envahi le clavier. De sa maladie il n'a jamais aussi bien parlé. En l'écoutant, on avait accès à un immense flot de lucidité, de sensibilité que sa pudeur ou sa délicatesse l'empêchaient d'exprimer par les mots.

On l'a vu se quitter. On a vu le diagnostic s'abattre au bout de quelques années : mais dès la première minute, je crois qu'on le savait.

Bonne-Maman

Mon grand-père m'a raconté qu'il a compris que ma grand-mère était malade lors d'un voyage en Israël. Sur les traces de Jésus. Elle devait faire une sorte d'exposé sur je ne sais quel sujet au groupe qui était avec eux. Elle s'était mise à pleurer. Elle n'y arrivait pas. Il a compris. Mais il ne nous en a rien dit.

Elle faisait aussi depuis quelques années des choses bizarres. Ou du moins nouvelles. L'une m'a beaucoup troublée. Je ne sais s'il faut la mettre sur le compte de l'émancipation ou de la maladie. Ou de l'émancipation par la maladie.

En Normandie, où nous allions en vacances, la vie avait peu évolué depuis le XIXe siècle. On allait sur la plage, qu'il pleuve ou vente, on se baignait de manière quasi hygiénique (pour se fouetter les sangs). L'ambiance n'était que modérément aux Monoï et langueurs. La vieille cabine de bain au toit rond (une particularité rare, source de fierté familiale) nous surveillait à travers les âges. Un été, ma grand-mère, une femme magnifique et formidable, « enleva le haut » pour reprendre le vocabulaire consacré des années 80. Autant dire que c'était de mise sur la Côte d'Azur mais inimaginable dans notre famille, sur la plage, sur ce bout de côte normande. Personne ne faisait de telles choses au milieu des Choco BN, des hommes en bermuda, des familles nombreuses, des pliants, des barrages à construire et du sable dans les sandales fermées. Je n'ai jamais su si c'est la maladie qui fut à l'origine de cette révolution. En tout cas, j'en ressens toujours une fierté incroyable. Après avoir été, à la fin des années 1940, prix de beauté de cette station balnéaire, ma grand-mère faisait encore sensation.

Même les souvenirs, à reculons, on ne sait plus s'ils doivent être bons.

Les débuts de la maladie sont incertains : on a tendance à rechercher des éléments d'explication, des causes souterraines. On ne sait plus. À qui ça appartient ?

La maladie : il a fallu que mon père, plus tard, fasse passer aux aveux mon grand-père, lors d'une partie de billard, pour que l'on sache ce qu'il en était vraiment.

J'ai un souvenir flou de cette annonce. Je ne connaissais pas la maladie à l'époque, je ne savais pas à quoi m'attendre. D'ailleurs, j'avais un peu passé l'âge d'être toujours dans ses jupes. Je me suis effacée avec sa mémoire. Puis, j'ai un peu grandi, je suis revenue.

Perspectives

Lors d'un dîner, mon voisin de table, neurologue, me glisse à l'oreille : « Vous avez cinquante pour cent de chances de l'avoir, vous savez. »

Je sais, du moins je m'en convaincs, que ce mec est un enfoiré. Qu'un médecin ne dirait pas cela. Même considérablement bourré. Qu'il a voulu dire autre chose. Que c'est une manière à lui, dégueulasse, de dire à une femme : « Je vais te baiser, tu vas te faire niquer. » Ce n'est pas de la science, c'est juste de la cruauté d'homme vieilli et frustré.

Voilà, cette idée, je l'ai ainsi chassée. Mais de temps en temps, je me persuade qu'il disait vrai.

Que je n'ai pas voulu entendre Qu'est-ce que ça changerait ?

Dégivré

C'est toujours l'image du congélateur qui me vient. J'en aurais aimé de plus élégantes, mais rien d'autre ne s'est proposé.

On le décongèle. On le vide. Il est plein de glace. Elle a enrobé les étagères, les bacs, les résistances. On met des torchons par terre. On garde la porte ouverte et on attend.

Il y a le goutte-à-goutte. Lentement. On jette un œil, la glace est comme polie, humide, aux coins arrondis. Douce. On regarde, on s'affaire. On s'en va.

Et l'on entend le bruit massif, sec, de couperet : un pan de givre s'est détaché, est tombé. La sonorité est bien particulière. Quelque chose de net après une ébauche de cisaillement. On prend le bloc, on le met dans l'évier, on le laisse continuer sa fonte ou l'on s'amuse à le noyer sous l'eau chaude.

Des pans de cerveau semblent ainsi se détacher. Boum, les dieux grecs. Boum, boum, boum : Rousseau, Balzac et Proust. Boum, Cervantes. Boum, les oncles et les tantes. Boum. Les souvenirs. Boum. Manger. Boum. Mon prénom. Boum, qui je suis. Boum, ma vie. C'est fini.

On se retrouve avec le bloc étranger mais pourtant si familier dans les mains et l'on hésite. On le connaît par cœur. Doit-on le laisser fondre ? Le noyer, le réchauffer ou l'accueillir, en exilé, en réfugié, dans son propre cerveau déjà fort occupé ?

Que faire de tout ce qui disparaît ?

Le départ

Dans sa mémoire, les personnages de *Moby Dick* sont restés parmi les derniers. Ils pouvaient partir tard, ils savaient qu'on les attendrait ici ou là, qu'ils n'avaient pas à s'inquiéter, qu'ils pouvaient encore un peu traîner. Il faut dire qu'ils ont été choyés, aimés, vénérés. « *Call me Ishmael* » a perduré. En route, ils ont croisé Bartleby qui était assez intéressé par le mal dont le cerveau était rongé. « *I would prefer not to* » prenait en cette occasion des accents fort singuliers. Après tout, il serait possible, à raison de quelques habiles contorsions, de faire de la maladie une attitude devant la vie, un renoncement dandy, une interprétation melvillienne avec quelque chose d'un peu inédit. Et puis, même Bartleby est parti. Oublié, dissipé, éliminé. On se demande, à vrai dire, quelle fut son utilité. Il n'a rien laissé.

Tout cela, c'est pour mon père, juste pour mon père que je l'avais lu et appris. Je me retrouve avec, sur les bras, un cachalot blanc, des harpons, des kilomètres de corde, du sel marin, de la houle,

978 termes techniques de marine, du rhum, de l'écume, un harponneur, un jeune type, un dingue qui fait claquer sa jambe de bois contre ma mémoire. Et un amateur de biscuits au gingembre qui ne bouge plus.

Que faire ? Le transmettre ? C'est à peine si c'est à moi. Je ne m'en sens pas le droit ni la nécessité. C'est là, je l'ai stocké. Je ne suis pas certaine de l'avoir bien assimilé, j'ai sans doute péché, très jeune, par trop de bonne volonté. Je suis indécise. Je laisse mariner.

Tombé de haut

Il y a toujours l'idée que la maladie est plus cruelle quand elle s'attaque à un intellectuel.

J'imagine pourtant que, chez un ignorant, ça crée quand même un léger changement.

« Il était si brillant », entend-on tout le temps. Oui, c'est dommage. Sinon ça n'aurait pas été grave ?

Tout se passe comme si, pour le paysan, le plombier, on perdait quelques degrés, quelques facultés. Mais enfin, rien de bien méchant. La culture, la grande, l'encyclopédisme, l'érudition, n'est pas en déconfiture. Mais là…

Je supporte de moins en moins ces considérations sur le grand écart entre son intelligence passée et l'état dans lequel il est. Plus vertigineuse sera la chute. On mesure le chemin parcouru.

Il semble autodidacte en vide intellectuel, en absence de culture, c'est comme s'il avait fait la route à l'envers Comme s'il avait du mérite de déchoir si vite.

C'est terrible pour lui. Pour tous les autres. J'entends toujours le petit refrain de la joie mauvaise, de l'oiseau de malheur qui annonce le temps du châtiment : intelligent comme il était, ça ne pouvait pas durer. On finit tous par payer.

Tentative réussie d'épuisement

Mon père pouvait filmer pendant des heures deux couteaux. Il leur dessinait une bouche et des yeux. Il mettait, en fond sonore, un débat sur France Culture et l'on avait l'impression que c'étaient les couteaux qui parlaient.

Il filmait aussi des escargots. Longtemps. Il ramassait des bouts d'eucalyptus, feuilles et fruits, et construisait des sortes de chariots gaulois. Il coupait sa botte et en faisait un cache-pot de la pire mocheté. Avec des écorces de bouleau et des attaches parisiennes, il sculptait Adam et Ève.

Il imaginait, pour toute scène, une situation parallèle, enchantée. Avec lui, les objets pensaient, l'aspirateur était un animal, les baignoires des coquillages ramassés au fond de la mer.

Il m'a fait croire mille fois que je pouvais voler à condition, en courant, d'atteindre la bonne vitesse. Il m'a convaincue que je n'existais pas, que j'étais dans le rêve de quelqu'un. Quand nous regardions la télé, nous éteignions le son et inventions les dialogues. Il était d'une fantaisie perpétuelle, d'une invention sans limite. Il était drôle, très drôle.

Il n'y a pas une ombre, un reflet, un miroitement, un pan de mur, un tesson, un fragment du quotidien dont il n'ait saisi les variations, les alternatives, les prolongements. Qu'il n'ait serti de références.

Il a épuisé le réel. Qui le lui a bien rendu. Encore une fois, j'essaie d'inscrire la maladie dans une progression, une continuité. J'essaie de lui donner un sens, une logique. Ce qui est détestable : il ne la méritait pas, ça ne devait pas arriver.

La moitié de l'année

Pendant une vingtaine d'années, il a cessé de fumer tous les 1er janvier. Du jour au lendemain. C'était drastique, traditionnel, sans rechute. Il ne recommençait à fumer que le jour de son anniversaire, le 8 juin. Il ne supportait pas l'idée de ne plus jamais fumer, alors il le faisait à moitié.

On ne savait pas si c'était mieux pour la santé, s'il risquait ainsi de n'avoir qu'un demi-cancer, on se disait que c'était mieux que rien.

Un jour, son cerveau a fait de même. Il a cessé de marcher convenablement. Il avait incroyablement fonctionné (5 paquets de neurones par jour, sans filtre). Il s'est arrêté. Progressivement. Peut-être qu'un 8 juin il va se remettre à marcher.

En réalité, je n'ai jamais, même une seconde, espéré. Mais je ne peux m'empêcher de remarquer que, même être malade, il le fait à sa manière, avec curiosité. D'un air intrigué. Je veux toujours croire qu'il est brillamment diminué.

Handicapé

Le jour où mon père a reçu par la poste sa carte d'invalidité, sa carte de handicapé, j'ai été prise d'un accès de joie. C'était une carte comme toutes celles que je n'ai jamais eues : de presse, de police, de famille nombreuse, Vermeil. Le droit de se garer sur les places réservées. J'étais très enthousiasmée et mon père me regardait consterné, presque blessé. Il ne voyait pas cette chance ni ce privilège qui me transportaient.

Étrange réaction de ma part. Grand manque de tact, c'était à peu de chose près de la cruauté.

C'est le mot « handicapé » qui m'avait motivée. J'avais décidé de le trouver usurpé. Mon père n'était pas handicapé. Il pouvait marcher, manger, parler, discuter. À peu d'années près, il avait écrit un immense et génial poème consacré aux 14 lignes (ou 13 ?) de métro, *Les Métropolitaines*, dont chaque vers se terminait par le nom d'une station de métro, modifiée sous forme de jeu de mots. À quelques années près, il écrivait des dialogues à tomber de beauté. À quelques années près, il était un père normal. En mieux.

Quand j'ai regardé la carte d'invalidité qu'il venait de recevoir, j'étais dans un esprit : « Mon père, il est policier. » Dans *Le Petit Nicolas*, j'aurais été Rufus. Ou Eudes. Mon père, c'est le plus fort, s'il a une carte d'invalidité, c'est juste pour rigoler. Et j'ai rigolé…

Les activités

J'ai longtemps pensé que mon père refuserait les activités et les ateliers qu'on lui proposerait dans les lieux d'accueil de jour pour les malades dans lesquels il passait parfois une journée, avant d'entrer dans un Ehpad. Qu'il y verrait un océan de débilité, d'incongruité. Qu'il en serait totalement humilié.

J'ai été étonnée de sa profonde humilité. Il a tout fait sans rechigner. Certes, au départ, il pensait les animer. Ce qui n'était sans doute pas tout à fait faux. Il leur parlait de ce qu'il aimait. Il apportait avec lui *Notre besoin de consolation est impossible à rassasier* de Stig Dagerman. Il se promenait avec *Don Quichotte*. Un texte de Montaigne. Comme s'il s'agissait de fétiches.

Puis il a accepté : la musique pour ceux qui n'en ont jamais fait, les jeux littéraires pour ceux qui n'en ont jamais pratiqué, les dessins qui finissent en spirales et gribouillis.

Lui qui n'allait jamais chez le médecin a toléré d'être soigné, ausculté : le pédicure, le kiné, l'orthophoniste, l'infirmière à domicile. Il ne s'est pas révolté – alors que se faire soigner, c'était un truc pour névrosés désœuvrés (il n'était jamais malade).

Il a été sage, premier de la classe, discipliné. Ce fut terrible à observer : il était résigné.

Transition

Pendant une période, à un stade déjà avancé de la maladie, il n'a cessé de se promener avec des objets. Dont le sens ne nous échappait malheureusement pas.

Il s'est ainsi déplacé avec quantité de couteaux, qu'il ouvrait et fermait sans relâche ; autant dire que cela nous inquiétait.

Puis il s'est pris de passion pour les élastiques. Il les manipulait, les passait autour des objets : son téléphone était ainsi saucissonné dans son étui en cuir noir (le côté bondage contrastait avec la douceur mousseuse des chouchous).

Il y eut ensuite une plaque en métal qui était sur la porte d'une maison de son enfance. Il ne s'en séparait pas, tapait dessus toute la journée avec son briquet, comme un lépreux frénétique qui s'annonce. Parfois, la plaque était perdue, ma mère la cherchait partout. On craignait qu'il ne l'oublie chez des amis, à la campagne. Il a été question de lui trouver un double.

Même si nous avons tous, du mieux possible, repoussé l'idée, il était avéré qu'il avait désormais des « doudous ». Son côté collectionneur, qu'il avait toujours eu, n'a pas longtemps résisté à cette évidence, les objets transitionnels étaient parmi nous. Par pudeur, par refus de nous infliger des images douloureuses, nous n'avons pas cherché à creuser la nature ni l'objet de cette transition.

Que sais-je ?

À force, je me crois spécialiste de la maladie. Il y a quelques décennies, quand ma grand-mère était malade, je m'étais penchée avec le plus grand sérieux sur ses aspects scientifiques. Rien ne m'échappait. Je connaissais les pistes, je suivais les progrès de la médecine. Je pensais ainsi maîtriser la maladie, l'objectiver, la rationaliser. Je n'y voyais plus un malheur, mais un processus. Il y eut même des moments où j'ai trouvé ça « intéressant » (vraiment ?).

Puis un jour j'ai vu un scanner, le cerveau comme un torchon essoré, ramassé, rongé, crispé. Cette vision, d'une absolue violence, a tout emporté : on aurait dit que des rats s'en étaient mêlés. J'ai tout oublié. Je ne sais même plus comment ça marche, comment ça commence. Je m'en fous. Les métaphores et les images occupent le terrain. La science me rappelle qu'il n'y peut rien. Ça me suffit amplement.

Ai-je au moins appris quelque chose ? À aimer jusqu'au bout. À ne pas aimer tout. À ne pas aimer bêtement malgré tout. À ne pas faire semblant. À discerner des continuités dans la personnalité, à accepter des ruptures (me dire, par exemple, que la maladie rend con).

Je ne sais de la maladie que ce que j'en vois. Et je n'en vois qu'une partie. Ce que je suis prête à supporter.

Avec ma grand-mère, j'étais encore parfois un peu énervée, j'ai commis des bévues (lui demander de préparer un moka au café, comme pour nier la maladie et ses effets, elle a beaucoup pleuré, on me l'a reproché, je ne me le suis pas pardonné). Je n'ai pas récidivé. Comme un vieil agent secret, j'ai encore tous les réflexes, le tact, la manière de faire. Tout est revenu. Comme une prof aguerrie, je connais la souplesse, je sais éviter les blocages et les voies sans issue. Je sais m'adapter et ne pas forcer.

Pour le reste, ce que j'en sais…

L'arrogant

C'est un jeune médecin remplaçant dans un cabinet de généralistes. On parle de la maladie. Alzheimer ? Mon père ? Il demande à voir. « Non, parce que c'est un mot fourre-tout. De toute manière, on ne sait pas. Pour savoir, il nous faudrait son cerveau. Et pour ça, faudrait qu'il soit mort. Donc, franchement, Alzheimer… »

Je suis stupéfaite de la brutalité du ton.

Il continue. C'est une logorrhée médicale, je connais la plupart des mots indépendamment les uns des autres (et encore, il me faudrait l'aide d'un dictionnaire d'anatomie), mais là, à cette vitesse, avec cet aplomb, les uns après les autres, je ne comprends rien. Il s'en fout. Le but, c'est de me noyer sous sa science. De l'étaler. Peut-être qu'inexpérimenté il est mal à l'aise dans ce cabinet. Il est grotesque, il jouit de son savoir scientifique, il se croit technique. Ce n'est qu'un petit con.

Je commence à me marrer. J'ai envie de l'encourager. J'écoute sagement.

« Bon, alors, votre père, c'est un frontal, non ? »

Mon père, frontal ? Pas vraiment.

« Non, mais je veux dire, frontal, c'est étaler son caca sur les murs et désinhibition sexuelle. »

Ah, d'accord, il y va fort, quand même. Je ne sais pas si c'est frontal, la manière dont il me parle, mais c'est brutal. Eh bien, non…

« Ouais, ouais, ouais, c'est une démence… »

Je suis d'accord.

« Rien de génétique, donc… »

Tiens, il cherche sans doute à me réconforter. Il est peut-être gentil après tout. Je tente de la jouer décontractée et, puisqu'on y est, de m'amuser. Je promets donc de donner le corps de mon père à la science. Je le dis en riant. Il ne comprend pas.

« Ouais, sauf qu'il faudrait sa signature. » Ça tombe bien, sa signature, je sais l'imiter (je n'ai plus de limite dans cette discussion). « Faudrait voir... Puis, bon, à son âge, ses organes, on n'en fera rien. Franchement, pour un type qui a un accident de la route, qui a 30 ans, à la limite, mais lui... »

Je ne sais s'il est frontal mais là, ça devient carrément phénoménal. Il recommence sa logorrhée savante. Je me demande comment il peut oser faire ainsi ses tours de piste, ce petit ourson en blouse blanche sur le monocycle de sa vanité. Pauvres patients qui vont devoir le subir et qui n'auront pas, comme moi, envie de rire. Qui seront livrés à ce Diafoirus du XXIe siècle.

J'écoute le flot de ses paroles. À qui parle-t-il ? Au moins, quand le garagiste met delco, alternateur, joint de culasse, durite et huile dans une même phrase c'est pour me faire payer très cher des choses qui m'échappent. Mais là, que veut-il ? À quoi s'essaie-t-il ?

Je sors assez primesautière du cabinet médical. La fréquentation d'un vrai con remet en place mes angoisses sur le cerveau et ses fonctions.

Démence

Je ne peux le nier, « démence » est devenue le terme approprié. Mon père me fait souvent penser aux savants revenus d'une expédition ethnologique au Pérou dans *Les Sept Boules de cristal*, qui, au contact de la momie de Raspar Capac, deviennent fous puis sombrent dans la léthargie.

Mon père n'est pas juste malade, il est dingue, fou à lier. La première fois que j'ai lu le mot « démence » sur un compte rendu médical, dans un hôpital, j'avais été révoltée. Accablée. Il ne l'était pas. Et même si c'était l'expression consacrée, ce n'était vraiment pas la peine de l'employer. Aujourd'hui, il est dément : il siffle, il répète des bruits, il fait des gestes, dit de drôles de trucs. Comme dans Tintin quand ils sont en pyjama bleu, attachés sur les lits, dans cette grande salle lumineuse avec les couvertures brunes, l'horloge (il est 10 h 30). Comme le professeur Bergamotte, qui, après avoir été un moment indemne, succombe à son tour à l'épidémie.

Lui s'échappe de deux manières différentes et simultanées : par la dégénérescence et par le délire. Étrangement, le délire vient comme masquer la première ligne de fuite et ça en paraît presque rassurant. C'est à la fois burlesque et effarant. Mais ce n'est pas douloureux. Dans ces moments-là, ce n'est pas la perte qui occupe le premier plan, mais le trop, le trop de paroles, de gestes, d'agitation, de volume sonore, de frénésie. Le trop, c'est presque un repos.

Penser à la planche de Tintin me console. Mais je n'oublie pas la momie, dans un coin, qui va se réveiller. Cette momie qui m'a toujours fait peur, que je hais dans sa hideur et sa maigreur. Elle est là…

En silence

Avec mon père, nous parlions souvent de la maladie. À propos de ma grand-mère, de sa mère. C'était il y a bien longtemps. Nous avions nos hypothèses, nos observations, nos remarques, nos blagues. Et beaucoup de fantaisie, « et si… ». Et si, en fait, c'était un autre monde ? Et si c'était une simulation ? Et si c'était notre faute ? En vérité, nous avons beaucoup ri.

Maintenant, il sait. Ce n'est sans doute pas comme il l'imaginait. Nous n'en avons jamais parlé. Il n'a pas tenté. Je me suis dérobée. Nous n'avons pas échangé un seul mot à ce sujet. Comme si tout avait été dit. En fait, rien ne l'a été. Parfois, au détour d'une phrase, on parlait de sa maladie. De ses avantages, surtout. Étrangement. Ou de choses factuelles. La douleur n'a jamais été même mentionnée. Il ne l'a pas souhaité. Je ne l'aurais sans doute pas supporté. Et puis, il y a toujours, pour moi, l'idée qu'un jour je saurai. Comme si nous étions tous les trois si parfaitement alignés que ça ne pourrait qu'arriver. S'il m'a envoyé des signes, je ne les ai pas repérés.

Dans son *Journal* Hélène Berr, une jeune fille juive parisienne pendant la guerre, parle de la mort, sachant qu'elle va mourir : « Peut-être celui qui lira ces lignes aura-t-il un choc à ce moment, comme je l'ai toujours eu en lisant chez un auteur mort depuis longtemps une allusion à sa mort. Je me souviens toujours, après avoir lu les pages que Montaigne écrivait sur la mort, d'avoir pensé avec une étrange "actualité" : "Et il est mort aussi cela est arrivé, il a pensé à l'avance à ce que ce serait après", et j'ai eu l'impression qu'il avait joué un tour au Temps. »

Je n'ai aucune illusion sur la possibilité de jouer un tour à la maladie. Je me demande juste ce que ça fait, d'avoir su puis d'avoir vécu. Comment il l'a vue ? Comment il l'a vécue ? Comment elle l'a battue. Pourquoi nous nous sommes tus (pas une plaisanterie ni la moindre blague pourrie). A-t-il tendu la main, n'ai-je rien vu ?

La main, il ne l'a pas tendue. Quand bien même, je n'en aurais pas voulu. Il a écrit des textes : je ne veux pas les lire.

J'attends encore un peu. Qu'il ne soit plus. Que je ne le trouve plus. Que tout, une fois la fonte effacée, se reconstitue. Et encore, je ne suis pas certaine de vouloir savoir. Je ne suis pas la seule.

Un petit chien

Ma grand-mère n'a eu en tout et pour tout que cette phrase, en ma présence, au sujet de sa maladie. Nous étions dans la cuisine de son appartement des Gobelins. Elle préparait une sauce madère dans une lourde casserole en fonte bleu-vert (l'une de celles qui étaient alignées au mur, pendues). Elle en était donc encore capable. J'avais 18 ans et, parfois, je passais la soirée et la nuit chez elle quand mon grand-père devait se rendre ici ou là.

Nous discutions, nous allions au cinéma (elle ne comprenait rien au film, je le voyais sur son visage éclairé par la lumière de l'écran, et, en sortant, elle ne pouvait rien en dire), nous restions chez elle. La nuit, je dormais mal, j'avais peur qu'elle m'ait oubliée, qu'elle soit prise d'effroi et m'assassine. Le matin, je partais.

Elle n'a donc eu que cette phrase, puis plus rien : « Un jour, tu me promèneras comme un petit chien. » Une seule phrase.

Il n'y en eut pas une, équivalente, de la part de mon père (excepté un vague et paradoxal « L'avantage, avec ma maladie, c'est que je me fais conduire partout »). Je crois que je ne mesure pas encore à quel point ils m'ont épargnée, la pudeur, l'amour et le courage que ça leur a demandé.

Fugue

Un petit chien : le médecin me demande si mon père est « fugueur ».

Là, je vois le collier (rouge, je ne sais pas pourquoi), les oreilles, les poils, les pattes, la langue. Et je m'aperçois que je l'imagine en Scottish terrier.

Je suis déçue par cette vision qui ne rend pas justice à la stature de mon père, ni à son caractère, ni à sa trempe. Je suis surprise. Puis je me souviens des deux chiens des étiquettes du whisky Black & White. L'un blanc, l'autre noir.

Le whisky, un autre moyen d'avoir de la fuite dans les idées.

J&B

Ce qui me semble le plus volé à son identité, c'est qu'il a arrêté de picoler. Totalement. Quand je pense à lui avant, je le vois assis à son bureau en train d'écrire. Fumant. Faisant des réussites. Recopiant les grilles de mots croisés sur un cahier : il les reproduisait, les remplissait puis les délavait avec un peu d'eau. C'était très beau les mots, l'encre ainsi estompés. C'était un peu prémonitoire aussi. Je le vois, le soir, adossé au grand buffet, sa jambe droite croisant la gauche, un verre à la main. Du jus de pamplemousse avec du whisky dedans.

Le bruit des glaçons qui crépitent, il appelait ça la « petite sonate de vingt heures ».

C'est la musique de cette sonate qui me manque. Il aimait bien manger (quand on lui demandait ce qui lui ferait plaisir, il répondait : « Beaucoup »). Il aimait boire sans que je l'aie jamais vu, avant d'être malade, ivre. Au bout de quelques verres, il était juste très drôle ou péremptoire. Aimer l'alcool, tenir l'alcool, se réveiller à 6 heures du matin frais et net même après avoir trop bu la veille, cela fait partie des valeurs, avec d'autres, qui m'ont été inculquées.

Qu'il ne picole plus, qu'il rejoigne la horde prophylactique de ceux qui ont arrêté, ça me laisse parfaitement perplexe J'ai le sentiment que, moralement, il a tout renié.

Heureusement, il continue de fumer. Quand on va dans le jardin, on sort une clope du paquet : il n'a pas à tout renoncé, me voilà rassurée.

Le plan

Il y a une trentaine d'années, mon père a passé des journées à jouer à *Montezuma's Revenge* (j'ai appris depuis que cette expression caractérisait, aussi, en anglais, la « tourista »).

C'était un jeu de plate-forme ancien (il a été créé en 1984) dans lequel l'aventurier Panama Joe devait chercher dans une pyramide aztèque des trésors cachés. Pour ce faire, il devait ramasser des clefs, franchir des obstacles, éviter le feu et tuer des monstres.

Mon père a fait ce jeu de manière méticuleuse (ainsi avait-il procédé avec le Rubik's Cube), ordonnée, organisée. Il a tout tué, il n'a pas laissé le moindre objet. Mieux, il a dessiné chaque salle sur une feuille avec tous les éléments qu'elle comportait (diamant, corde, échelle, épée). Quand il a terminé le jeu, il a rassemblé les feuilles et a reconstitué la pyramide puis l'a fait encadrer. Il faut l'imaginer, quand il faisait ça, dans la lignée de Borgès, Perec ou Calvino.

Aujourd'hui, alors qu'il se perd, ne sait plus se repérer, passe d'une pièce à l'autre sans éviter les dangers, ce plan est d'autant plus déchirant. La revanche ou la malédiction frappent l'aventurier des années après.

La dignité

Avec cette maladie, il y a aussi l'obscénité, celle de la dégénérescence, de la déchéance. Je ne sais si elle n'existe que projetée ou si elle est là, si elle reste quand il n'y a personne pour s'en inquiéter. Je n'ai pas envie de la considérer. Ce serait à mes yeux comme une immense indiscrétion sur fond d'humiliation. La dignité, c'est une lutte éprouvante pour qu'elle soit conservée. Ce sont aussi des efforts pour corriger l'idée que l'on s'en fait (mais jusqu'où accepte-t-on de modifier notre perception ?).

Mon père, je n'ai pas envie de l'exposer quand il est déjà dans un état d'absolue vulnérabilité. Je veux le protéger sans pour autant le déguiser. Suffit-il de l'évoquer ?

Les manières

J'ai souvent estimé que les manières bourgeoises de ma grand-mère lui avaient permis de résister assez longtemps aux ravages de la maladie. Elle avait l'habitude des expressions toutes faites, de tenir un discours modéré sur toutes choses, elle avait un modus operandi pour tout (le couvert, la journée, la manière de faire son lit, ses tenues). Elle savait tenir une conversation bienséante sur tous les sujets du monde. Elle a su bluffer comme personne, trouver des réponses vagues qui convenaient chaque fois (comme Perceval, dans *Kamelott*, qui répond toujours « C'est pas faux »). Elle était structurée par mille rituels transmis depuis des générations, par des considérations bienvenues qui ne l'engageaient pas trop. La bourgeoisie fut une colonne vertébrale puis un squelette. Même lorsqu'elle se perdit elle-même, elle resta une femme de son milieu.

En cela elle se ressemblait mais trahissait, par ailleurs, son originalité, sa singularité car elle ne fut pas que ça, évidemment. Elle fut une femme formidable que j'ai adorée, d'une très grande intelligence et, attention, d'une immense émotivité. Une femme avec qui j'ai passé des journées et des journées, depuis ma naissance, à discuter, à me promener, à accomplir des tâches matérielles qui me paraissaient toutes plus séduisantes les unes que les autres, d'une densité et profondeur existentielles sans pareilles. Je l'aimais, mais je l'aimais…

Un jour, mon père a dit « le bon Dieu ». C'était inimaginable, même au trentième degré. Le « milieu », l'« éducation », sous les couches progressives, repointaient leur nez. J'ai eu le sentiment inédit de découvrir mon père tel qu'il était, petit : la culotte courte, les cheveux en brosse, le pull en V, un petit jeune homme chic tapi sous des années d'hirsutisme, de jeans crades et de chaussettes trouées réapparaissait.

La maladie vous trahit : elle révèle et vous lâche.

L'effondrement

Le 16 janvier 1985, le pont de Sully-sur-Loire s'est effondré. Tôt le matin. À cause du froid (il faisait moins vingt). Magie des faux souvenirs rétrospectifs, j'ai le sentiment d'en avoir, à quelque chose près, réchappé. Sinon moi, du moins ma grand-mère. J'en suis presque venue à penser que nous roulions dessus, toutes les deux, juste quelques minutes plus tôt et qu'il s'était brisé, là, sous nos pieds. Ce pont suspendu a été remplacé l'année d'après. Il avait déjà eu de nombreux malheurs : en partie effondré en 1856, incendié en 1870, bombardé en 1940, il a été reconstruit, détruit, reconstruit. Puis vint ce matin de 1985. C'était peut-être déjà les débuts de la maladie pour elle, cette année-là.

Ce pont restauré, je l'ai si souvent traversé. Notamment quand nous allions, avec mon père, voir ma grand-mère à Sully, dans l'hôpital où elle résidait. Enfermée dans la maladie d'Alzheimer. En chemin, nous ne disions pas un mot. Nous étions, mon père et moi, muets. Entrant dans le bâtiment, nous avions alors la gorge serrée, nous

nous retenions de respirer. On se disait : « Et si on n'y allait pas, ça ne changerait rien, personne ne le saurait. » C'était terrible, mais on tenait. Mon père était un peu en retrait : voir sa mère ainsi, ça le tétanisait. Je n'étais pas si vaillante, mais je la touchais, je lui parlais, je la caressais. Aux enfants elle faisait des sourires. Ils ne les lui rendaient pas. On sortait. Muets.

On traversait Sully. Mètre après mètre, les langues se déliaient. Au pont jadis effondré, on l'imitait, on riait, sans se moquer. On conjurait. On projetait, si ça nous arrivait, de se suicider. Mais qu'est-ce qu'on riait. Aussi fort que je l'aimais, aussi puissamment que nous étions terrifiés. Dans nos cœurs, il faisait moins 20. Le pont, on le traversait. À sa chute (à toutes les chutes en vigueur) je pensais. Mais, lui, le pont, il n'a pas cédé.

Nos piliers, à nous, sont depuis complètement ébranlés. Seule l'hérédité reste pour nous tenir ensemble et nous structurer d'une menace renouvelée. Puis avérée.

Imitations

Mon père imitait très bien ma grand-mère quand elle était malade. Il lui en est resté quelque chose.

Du coup, je n'ai pas besoin d'imaginer ce que ça lui ferait s'il se voyait maintenant : il s'était vu. Il s'était même peut-être entraîné.

Moi aussi, j'imitais très bien ma grand-mère. Il ne me viendrait cependant pas à l'idée d'imiter mon père. Cela me semblerait abominable, méchant, déplacé.

Pourquoi ai-je changé ? Pourquoi était-ce possible avec Bonne-Maman ? Peut-être que, après une première tentative maladroite pour supporter cette histoire sous forme de farce, j'accepte maintenant la tragédie.

« Hegel fait quelque part cette remarque que tous les grands événements et personnages historiques se répètent pour ainsi dire deux fois. Il a oublié d'ajouter : la première fois comme tragédie, la seconde fois comme farce », écrivait Marx.

Il me semble que, pour ma part, je fais le chemin à l'envers. On est dans une autre dramaturgie.

Les plaisanteries

Après avoir proclamé pendant des années qu'on pouvait rire de tout, je me surprends à ne supporter que difficilement les plaisanteries sur la maladie d'Alzheimer. Alors que je trouve que les familles d'autistes, de trisomiques, de cancéreux manquent singulièrement d'humour, bien sûr. Je dois faire des efforts intenses, au nom de la cohérence, pour subir sans me révolter blagues et expressions. Parfois, j'ai des accès de méchanceté : « Tu sais, mon père est malade, donc... » Le pire, c'est quand on me répond : « Oui, je sais. » J'ai la réputation de n'avoir pas de fragilité en ce domaine, je dois résister.

Mon père et moi étions au restaurant. C'était un midi de juin, le jour de ses 60 ans. Il était malade. Je le savais. Mais je le refusais. Le savait-il ? Le diagnostic n'avait pas été posé. Mais tout y était. Nous mangeons ce que nous aimons : du foie de veau. Rosé.

Le serveur oublie de nous apporter le sel : « J'ai Alzheimer ou quoi ? » dit-il.

Le froid s'abat sur la table. La gêne est terrible. Mon père dissipe le trouble en changeant de sujet. L'élégance, toujours. On aurait pu en parler. Il y avait un biais. Quelques années plus tôt, on aurait gardé un ton détaché. Là, c'était tellement le sujet. Mais nous n'en avons rien fait. Nous avons terminé le foie de veau. Rosé. Ce plat était au menu. Mon père peinait à s'y repérer. C'est moi qui, connaissant ses goûts, l'avais commandé. Ainsi que l'entrée, le dessert et le vin au pichet.

On y était. La maladie était sur la table. Mais ce n'était pas ce que l'on voulait. Bon anniversaire. L'année sera pire que la précédente.

Oubli

J'hésite, puis je me retiens. Je me ferais du mal inutilement. J'ai pourtant envie de le « googliser » pour voir ce qui reste, quelles sont les traces, les occurrences. De quand datent-elles ?

Je me demande qui se souvient de lui. Qui pense à lui. Ce qui, en miroir, me pousse à me demander à qui il pensait, lui ?

Peut-être à pas grand monde, en fait. La question de la postérité n'est pas encore d'actualité. C'est encore prématuré.

Qui se demande ce qu'il devient ? Qui sait qu'il est malade ? Qui serait prêt à venir le voir (et au nom de quoi) ?

Tout cela confère l'impression que l'on s'efface comme on a vécu. Il y a toujours la tentation de donner une dimension morale à la maladie, d'en faire une fable, un conte édifiant. Les enfants, la maladie nous a appris que…

Disparaître

Comment disparaître alors qu'on est là ? Disparaître, non pour de bon, mais un peu pour voir. Un tout petit peu. Juste pour voir comment ça fait.

« Je suis parti très brusquement, je suis parti subitement, et j'ai pensé que, cette fois, on ne manquerait pas de remarquer que je quittais un lieu, on verrait parfaitement que je disparaissais. En partant d'une façon aussi fulgurante, j'ai renversé une pile de caisses en carton et je ne me suis pas arrêté pour les ramasser. Soudain, j'étais de nouveau sous la pluie, ma mallette à la main. Mais j'ai alors eu la mauvaise idée d'entrer de nouveau pour voir quelle impression avait causée mon départ. Aucune. On se contentait de ramasser les caisses renversées », écrit Vila-Matas dans *Docteur Pasavento*.

À quoi bon disparaître si personne ne s'en aperçoit ? À quoi bon pleurer si l'on n'est pas écoutée ? À quoi bon se désoler, si l'on ne peut pas en faire profiter les autres ? À quoi bon vivre ce qui ne peut être raconté ? À quoi bon désespérer dans un coin de plage si l'on n'est pas regardé ? Tant qu'il y a de la vie, il faut faire beaucoup de bruit. La discrétion, c'est déjà une forme de mort à bas bruit. Tant qu'il y a de l'hystérie, il y a de la vie.

Mon père, lui, n'a pas orchestré sa disparition. Il ne l'a pas répétée ni annoncée. Il ne nous y a pas préparés. Certains font semblant de n'avoir rien remarqué. D'autres sont effrayés, dépassés. Quelques-uns viennent le voir et tiennent à ne pas le lâcher. Tout donne le sentiment qu'il a soudain été escamoté.

Ce n'est pourtant pas la vérité : pendant des années, sa maladie l'a marginalisé, écarté. Ses interventions lors des fêtes, des repas, des soirées se sont raréfiées. Sa présence s'est modifiée : il n'était plus le convive que tout le monde écoutait, mais une présence errante qu'il fallait surveiller. Sa disparition, c'est la maladie qui l'a organisée. Et bien. Maintenant, on « se contente de ramasser les caisses renversées ».

Hommage

Outre l'ennui et la gêne renouvelés, chaque année, qu'elle suscite, la cérémonie des Césars m'est devenue douloureuse. Nous la regardions sans faute avec mes parents. La plupart des gens qui étaient nommés faisaient partie de leur paysage familier. Peu à peu, ils ont été, à part exception, remplacés. Je parle des « techniciens » en priorité.

Le moment le plus difficile, c'est celui de l'hommage à « ceux qui nous ont quittés ». Pour certains, il y a juste une image avec les dates de naissance et de décès. Pour d'autres, plus connus, un extrait de film, un hommage plus long, un discours.

Désormais, je me demande chaque fois pourquoi mon père ne figure pas dans l'hommage : il n'écrira plus jamais, de ce point de vue-là, il « nous a quittés ».

Je vois les photos en noir et blanc défiler. Laquelle choisira-t-on pour lui ? « Jean-François Goyet », scénariste, cela dira-t-il encore quelque chose à quelqu'un ?

J'ai le sentiment qu'on attend sa mort, que c'est une question d'occasion, de moment. C'est violent.

Orphelin

À la mort de son père, en 2017, il est devenu orphelin. Je l'ai vu comme un enfant, malade et démuni, sans parents. J'ai ressenti toute la cruauté de la situation.

Dans l'église, je l'ai accompagné. Il faisait terriblement froid. Il avait un bonnet et une grosse écharpe. On se demandait s'il allait tenir toute la messe. Comme pour un enfant. J'étais à côté de lui. Il était triste, mais s'en foutait. Il n'était pas chagriné, mais préoccupé. Je ne saurais dire ce qu'il se passait.

Je le regardais comme s'il était un petit garçon esseulé, un peu abandonné. À ma grande surprise, je voyais sur ses lèvres qu'il répondait au prêtre : « Et avec votre esprit », « Amen ». Il n'a pas rendu grâce à Dieu et a évité, habilement, de trouver quelque chose de « juste et bon », mais j'ai découvert avec stupeur que son éducation catholique, dont il s'était parfaitement éloigné, n'était pas encore tout à fait dissipée. J'avais à côté de moi le petit garçon du dimanche matin dans le monde lointain, bourgeois et chrétien. Je l'ai, du coup, senti encore plus orphelin. Ce n'est pas avec nous qu'il avait ce lien.

Il est sorti de la messe l'air de rien. Frigorifié. Il avait résisté, s'était levé et assis comme ordonné. Nous sommes allés au cimetière enterrer son père, mon grand-père. Ainsi qu'une partie de lui. Pour la vie.

Il m'a semblé tout petit.

Profiter

La maladie crée un rapport au temps, à la durée, douloureux. L'étape suivante sera pire que le moment présent. Elle vous oblige à ne pas perdre de temps, à en « profiter », étrange formulation, avant que cela ne se termine, tout en vous laissant désirer que ça s'achève au plus vite. On tente de fixer des vertiges, de chérir l'insupportable, de ne pas perdre une miette de ce qui est extraordinairement douloureux.

Le compte à rebours est lancé. Quand il parle, on pense au moment où il ne parlera plus. Quand il parle, on ne se contente pas de l'écouter. On se dit aussi, en même temps, qu'il parle encore et qu'il ne parlera plus. Ainsi en va-t-il pour la marche, les repas, les habits, l'écrit, chaque élément et dimension de son existence.

Tout ce qui est plus banal devient inaugural. À chaque geste, on fixe le regard comme on le fait avec des gens à qui l'on dit adieu, craignant, en raison de leur âge ou de leur santé, de ne plus jamais les revoir. Enfant, je regardais intensément mes grands-parents avant de partir en vacances : ce pouvait être la dernière fois. Quand mon père fume sa cigarette, la prend entre ses doigts (ce qu'il ne fait pas toujours), laisse tomber la cendre, je pense au jour où il ne le fera pas. Tout est vécu avec son envers, avec sa dissipation. La vie avec lui devient une Vanité : la bougie fond, la bulle va éclater, les fleurs vont faner, les mouches cesseront vite de voler.

Je me refuse pourtant à fixer ces moments. Je n'ai pris aucune note depuis le début de sa maladie, je ne l'ai pas enregistré. Il n'y aura pas de « traces », en tout cas en ce qui me concerne. Je réfute l'idée qu'il faille considérer ce temps autrement. Je ne prenais pas non plus de notes auparavant, j'aurais pu commencer enfant. Je ne veux pas que chaque moment devienne un monument spectral dont je souhaite, dans un autre mouvement, ardemment, la démolition pour revenir aux fondations. J'essaie d'affronter le temps calmement, normalement, si du moins c'est possible. Sans contorsions.

La chute

Ça ne peut plus durer. C'est trop terrible de le voir ainsi décliner. Il y a des enfants qui naissent, grandissent. Toute naissance, toute enfance me semble, à son aune, comme une offense. Il est en mode décroissance. Ça ne peut plus durer.

Si je ne suis pas très douée pour aider, je pourrais au moins l'éliminer. Oui, le tuer. Il y a quantité de faits divers dans lesquels c'est arrivé.

Il est là sur la terrasse. Et j'ai enfin compris ce que signifiait ourdir. Le treizième étage, c'est sans appel. Je pourrais le pousser dans le vide. Ce serait fait. Ce serait triste. Mais on serait soulagés. Lui aussi, sans doute. Je n'ose pas lui demander. Il a toujours dit qu'en cas de maladie il se suiciderait. Mais il n'en a jamais rien fait. Il ne l'a même pas évoqué. Je pourrais donc le pousser.

Mais la culpabilité, le procès, la prison... Le mieux, ce serait de sauter avec lui. Comme ça, on mourrait tous les deux. Certes, je deviendrais l'Œdipe public numéro 1 (même si tout le monde aurait déjà compris, le geste serait sans appel) mais ce serait plus pratique. Pour tous. Je serais sans doute un peu morte, mais toute bonne idée à ses revers.

Le truc, c'est que je ne peux pas faire ça à mes enfants. À ma famille. Ce serait immonde de ma part. Il faudrait, par conséquent, que nous sautions tous ensemble. Ensemble au sens large. Avec tous ceux que l'on aime et qui nous aiment. Comme ça, personne ne serait triste. Oui, mais…

Mon apprentissage de l'ourdissage fut ainsi quelque peu poussif. Massif avec une petite tendance à l'extermination collective. C'est pourquoi je n'ai pas persévéré. J'y ai renoncé. Mais j'y ai pensé.

Je le regarde, au loin, et je mime une pichenette en direction de son reflet.

Sa mort

Il n'y a pas un jour où je ne me pose pas la question : aimerais-je qu'il soit mort ?

Il est joyeux, presque continûment. De bonne humeur. L'angoisse semble passée. La révolte et la colère n'ont que peu duré. Elles n'ont été exprimées que dans l'intimité, sa dignité lui interdit de les exposer.

Mais ce n'est pas la question. Voudrais-je, moi, qu'il soit mort ? Que ça s'arrête ? La réponse est toujours la même : non. Je suis toujours déçue de ne pas souhaiter sa mort.

Je veux qu'il soit en vie parce qu'envers et contre tout c'est lui. Qu'il est encore là comme il l'a toujours été. Dans ce qu'il a de plus vrai, profond, génial, aimant et touchant. Il y a quelque chose qui a survécu aux réductions, aux abolitions, aux diminutions. C'est lui. Non en résumé ni en ramassé. Ce n'est pas mon père à l'os. C'est lui. Je ne sais pas ce que c'est de lui. Son air (Barthes expliquait qu'il y avait peu de choses aussi indéfinissables que cela), peut-être. Il ne se ressemble pas spécialement (il est même le contraire, à bien des égards, de tout ce qu'il a été). Mais il se rassemble. Bien qu'explosé. C'est lui. Sans rapport mais parfaitement conforme. Il est beau et ressemblant comme disait Éluard.

Liens

« Il n'est rien de plus lourd que la compassion. Même notre propre douleur n'est pas aussi lourde que la douleur consentie avec un autre, pour un autre, à la place d'un autre, multipliée par l'imagination, prolongée dans des centaines d'échos. »

Milan Kundera,
L'Insoutenable Légèreté de l'être

Te parler

J'ai toujours envie, là, de m'adresser à toi, de te dire « tu », de te raconter l'histoire. Mais je ne le fais pas. Ce livre, tu ne le liras pas. Et ces messages adressés à quelqu'un qui ne les reçoit pas, je trouve ça déchirant, beau, à pleurer mais je sens que malgré leur évidence, ils sont d'une totale artificialité. Je ne veux pas feindre de te parler comme si, dans le fond, tu étais là pour m'écouter. Comme si ta vérité était en train de subsister, j'en ai déjà parlé, qu'on était dans une autre réalité, que la maladie faisait prendre des chemins détournés mais qu'on allait vite tout rassembler. Ce qui n'est pas encore vrai. Pour l'instant, tu n'es pas en mesure d'écouter, de comprendre, c'est presque avéré. Je n'ai pas envie de jouer avec les temporalités, celui que tu fus, celui qui va rester quand tout sera terminé. Tu n'as pas bifurqué, ton double ne continue pas à avancer : c'est toi, là, devant moi.

Je peine à me souvenir que tu conduisais, lisais, écrivais. Ces souvenirs-là, je n'arrive plus à les mobiliser ni à les susciter. Je sais que ça viendra, bien après. Après la mort, en fait. Mais, pour l'instant, le présent a tout écrasé, tout bouffé. Si je te parlais, ce ne serait ni de ça, ni sur ce ton, ni de cette manière. Et quand je te parle, c'est de tout autre chose.

Lyrisme

Je suis incapable, dans la vie de tous les jours, de faire de longs discours sur ce que je ressens. Le plus souvent, ce n'est pas par pudeur, mais parce que je ne sais pas le faire. J'ai toujours peur du toc et du surjoué.

Avec ma mère, nous avons trouvé un code. Quand elle me donne des nouvelles (tristes) de mon père, quand elle m'annonce quelque chose de douloureux, je n'ai qu'un mot, le plus souvent écrit (à l'oral ça passe moins bien): « Papaaaaaaaaaaaaaa aaaaaaaaaaaaa ! ».

« L'attitude anti-lyrique, c'est la conviction qu'il y a une distance infinie entre ce qu'on pense de soi-même et ce qu'on est en réalité; une distance infinie entre ce que les choses veulent être ou pensent être et ce qu'elles sont. Saisir ce décalage, c'est briser l'illusion lyrique. Saisir ce décalage, c'est l'art de l'ironie » écrit Kundera.

Mon « Papaaaaaaaaaaaaaaaaaaaaaaaaaaaaaa aaaa », c'est mesurer ce décalage et l'assumer. Ce mot dit tout: la conscience de l'emphase, la distorsion entre mon âge et l'infantilisme de mon attachement, la réalité de la douleur, la force des liens, source de mille plaisanteries, le grotesque de mes réactions, l'ampleur du déchirement. L'expression favorise une circulation du tragique au comique et inversement, qui, par sa souplesse, permet une forme de justesse.

Devant la tombe

Quand je suis devant la tombe de ma grand-mère, je ne parle pas. Je me contente d'être là. À regarder la stèle plate en tomettes. Les lavandes ont été arrachées, elles avaient décidé d'envahir le cimetière. Si j'étais du genre à parler aux morts, j'imagine très bien le ton que je pourrais employer. Je parlerais normalement. Sans partir de l'idée que la mort rend omniscient ou sage. Je lui résumerais les épisodes précédents, ceux qu'elle a ratés. Je ne livrerais pas de secrets. On dit « muet comme une tombe ». Si la tombe est muette, ce n'est pas par vertu, c'est par impossibilité de faire autrement. Je ne souhaite pas profiter de cette incapacité.

Si mon père était dans le coma, je lui parlerais normalement. En espérant qu'il entende. Je n'en profiterais pas pour lui balancer mes quatre vérités, mes plus profonds secrets, pour lui déclarer mon amour filial. Non, je lui parlerais. À lui.

Là aussi, je veux lui parler, à lui. Mais qui est-ce, lui ? Qui est-il ? Je n'ai pas envie de parler à mon père d'autrefois. Il n'aurait écouté que d'une oreille, lassé que je vienne lui raconter en continu tous mes états d'âme, sans jamais faire le tri, l'interrompant sans cesse dans son travail. Il m'imitait : « Papa, tu sais quoi ? – Non ? – J'ai mal aux pieds. » J'ai envie de parler à mon père maintenant. Je n'ai pas envie de faire semblant. Il ne sait donc plus grand-chose de moi. Je ne livre aucune information ni ne fais de confidence. Je n'ai pas envie de peser. Je fais des phrases avec des mots qu'il aimait bien (des mots rares, des noms propres qui lui sont chers), avec un ton, le moins faux possible, qui doit le rendre serein, qui lui dit que tout va bien, qu'il est entre de bonnes mains.

Légitimité

Dans *Je ne suis pas sortie de ma nuit*, Annie Ernaux décrit sa mère atteinte de cette même maladie. Elle dit, entre tant de choses dont je me sens très proche : « Écrire sur sa mère pose forcément le problème de l'écriture. » Écrire sur un père dont le métier était d'écrire, qui a écrit, qui n'écrit plus parce qu'il ne le peut plus, aggrave sans doute le problème. À moins que ce ne soit le contraire : la question de la légitimité n'a pas fini de nous hanter.

J'ai souvent la tentation d'écrire ce qu'il aurait écrit. De le faire « à sa manière », sans que je sache ce qu'il aurait raconté ; il a pourtant écrit, dans ses carnets, sur sa propre mère, atteinte de la même maladie. Et sur lui, aussi. L'aurait-il rendu public ? J'ai parfois des velléités de prendre la parole pour lui : mais de quel droit ? Et comment décrire un monde, un état dont je n'ai pas la moindre idée, à part des visions fantasmées ?

J'ai aussi, pour me détacher d'une potentielle injonction paternelle, l'envie de faire la bravache. De faire deux pas en arrière et de m'écrier « même pas mal, même pas peur » (en laissant quand même deviner lourdement que c'est précisément le contraire, qu'un petit cœur palpite).

Mais je n'ai pas envie de faire le malin. Je crains l'aspect « perles d'Alzheimer » : « Regardez, comme c'est beau ce qu'il a dit », « Voyez comme il diminue "malin" », « Il nous a sorti une de ces fulgurances ! Je note tout ! », « La vie est là, encore là ! », « Il nous a fait trop rire hier », « Il est si brillant encore ».

Je ne veux pas m'emparer de ceux qui sont déjà dépossédés, je refuse de faire un pas en arrière et les observer. Je m'interdis de livrer une vérité dont je ne peux ou ne veux pas m'approcher. Et puis, me distancier, ce serait oublier que je suis embarquée. J'ai parfois le sentiment d'être « au labyrinthe avec [lui] descendue ». Tout en sachant pertinemment que je ne serai pas, avec lui, retrouvée ou perdue, qu'il me faut chercher seule la sortie.

Autorisation

Un ami m'interroge : ai-je demandé l'autorisation de ma mère pour écrire ce livre ? Je lui réponds qu'à 45 ans je suis en passe de devenir une adulte.

Je suis embarrassée. Ce moment de la vie de mon père, à qui appartient-il ? À lui ? À nous ?

À qui appartient mon père est une question qui se pose aussi. Matériellement, moralement, intellectuellement...

Peut-on dire que c'est mon histoire ? J'ai tendance à le croire.

Aimer

Quand je suis à côté de lui, quand je lui donne la main, sans que ce soit tout à fait spontané ni naturel, quand nous nous promenons (ou que je le promène, même si l'idée est odieuse), je me demande toujours si je l'aime. La réponse n'est jamais évidente. Ce n'est pas la bonne question. Mais elle me taraude.

J'espère l'aimer d'une manière qui m'échappe. J'ai souvent le sentiment d'avoir le cœur sec, de n'avoir aucun attachement. J'en viens à me demander si je l'ai jamais aimé. Tout, en amont, est contaminé.

Parfois je lui en veux. Je considère qu'il s'est laissé aller. Ou alors que je ne peux pas l'aimer comme ça.

Nos relations sont devenues trop unilatérales pour que j'y voie clair. Je pourrais plaquer des attitudes (l'attachement irréductible, la responsabilité, la manière de m'en occuper) qui transformeraient chaque geste en preuve d'amour, mais je sens que ce n'est pas une réponse, que c'est une façon de simuler une relation dévastée.

Je me suis couchée en plein après-midi, m'intimant de souffrir pour de bon, de passer deux heures à me confronter à la question. Il était impensable que je sois épargnée, froide, anesthésiée. Le dialogue avec moi-même n'a rien donné. Au bout de trois minutes, je me suis en effet convaincue que j'étais d'une parfaite indifférence, que la vie continuait. Et que j'étais un monstre froid à l'amour filial périmé, dégradé. Je me le suis reproché : pourquoi n'es-tu pas anéantie ? Pourquoi tu continues ta vie ? Je n'ai même pas émis l'hypothèse que je pouvais être courageuse. Car je ne le suis pas. Tellement pas.

« Oui, tout à l'heure, avant l'arrivée de Françoise, j'avais cru que je n'aimais plus Albertine, j'avais cru ne rien laisser de côté ; en exact analyste, j'avais cru bien connaître le fond de mon cœur. Mais notre intelligence, si grande soit-elle, ne peut apercevoir les éléments qui le composent et qui restent insoupçonnés tant que, de l'état volatil où ils subsistent la plupart du temps, un phénomène capable de les isoler ne leur a pas fait subir un commencement de solidification. Je m'étais trompé en croyant voir clair dans mon cœur. Mais cette connaissance que ne m'avaient pas donnée les plus fines perceptions de l'esprit venait de m'être apportée, dure, éclatante, étrange, comme un sel cristallisé par la brusque réaction de la douleur », écrit Marcel Proust dans *Albertine disparue*. Albert, second prénom de mon père et de mon fils…

Au détour d'une rue, au fil d'une insomnie, je ressens parfois, par surprise, toute l'étendue de ma douleur. Et là, je sais, je l'aime. La douleur vient me réconforter : je la fais donc durer, pour vérifier. Parfois, j'essaie de la convoquer, juste pour me rassurer. Je veux, pour reprendre les mots de Barthes, « habiter mon chagrin ».

Embrasser

Il me prend la main une fois, il l'embrasse.

Deux fois, il l'embrasse.

Trois fois, il tente de la croquer.

J'ai juste le temps de la retirer avant d'être blessée.

Aider

Je n'ai pas été cette enfant qui aura tout sacrifié, passé sa vie à aider. Qui, sortant du travail, épuisée, passe voir son père, puis rentre à la maison, s'occupe de ses enfants, pleure silencieusement puis va se coucher. Je ne suis pas d'une absolue lâcheté mais parfois ça commence à y ressembler. Je passe plus de temps à écrire, à y réfléchir qu'à agir.

Pendant des années, on se dit que, le moment venu, on sera formidable, courageux, présent, disponible. Les modalités du « moment venu » restent bien évidemment floues. Un peu comme les « intérêts vitaux » de la France : on voit de quoi il s'agit mais personne n'a jamais précisé de quoi il était question. On le sentira bien, heureusement, il y a l'instinct. Mais rien ne vient…

On se laisse un peu de temps. On se trouve des excuses. On s'imagine aider autrement (par sa bonne humeur, par son humour). Puis il devient évident que l'on est entré dans une phase où l'on peut déjà amorcer une sorte de bilan. On a fait ce que l'on a pu.

L'avantage, pour les autres, c'est qu'on ne juge plus. En espérant ne pas être jugé à son tour.

La fille alternative

Mon père imaginait qu'un bébé et moi avions été échangés à la naissance. Que sa vraie fille vivait maintenant chez Gérard Couillasson, qu'elle avait des nattes et des lunettes et lisait des romans dans la cave, seule et incomprise. J'étais la fille des Couillasson, donc. Je n'aimais ni les livres, ni les œuvres de l'esprit, je préférais les amusements débiles, les conneries à la télé, les loisirs grégaires. Je recevais une éducation dont je ne profitais pas, au détriment d'une petite fille inconnue, et pourtant légitime, avec nattes et lunettes, isolée dans un monde pour elle hostile.

C'était pour rire, évidemment. Enfin…

Sa vraie fille, aujourd'hui, bien qu'élevée chez les Couillasson (dont l'éducation me fait encore rêver : ce qui représentait l'horreur complète pour mon père me paraissait hautement désirable), aurait été formidable avec lui. Elle aurait été du genre à aller voir son père malade tous les jours, à lui lire des sagas islandaises dans sa chambre d'Ehpad, à lui jouer des chants de marin au théorbe pour l'apaiser, tout en assurant la révision de la traduction de Malcolm Lowry en Inupiaq. Mieux, elle l'aurait accueilli chez elle, elle aurait aménagé une pièce de son appartement, son emploi du temps, sa vie. Elle aurait eu un sens du devoir impressionnant, une solidité hors pair, une résistance au froid sans limite. Tout aurait été différent.

Malheureusement, nous avons été échangées à la naissance…

Aveu

La responsabilité ne s'en est jamais allée. Je ne suis plus identifiée, nommée, repérée, mais il continue de s'inquiéter : de ma fatigue, de mes journées, de mon temps, de mon travail.

Je ne suis plus d'aucune conversation, référence, mais j'entre dans une sphère de préoccupation sans objet ni raison, sans moyen ni fin, qui maintient, en dépit de tout, le lien. C'est ce qui fait que je me sens bien. Qu'il s'inquiète encore un peu, c'est comme une forme d'aveu.

En marchant, j'ai encore l'espoir profond, indéracinable que, s'il survenait quelque chose, il prendrait ma défense, ferait barrage de son corps, aurait les bons réflexes. Je ne peux me résoudre à ne plus être l'enfant. Je me sens terriblement vulnérable. Je pensais que sa vulnérabilité à lui me donnerait de la force. Non, elle aggrave la mienne. Je suis à la fois vulnérabilisée par son état et vulnérable par destination, parce que je le veux, je souhaite le rester, je veux être protégée. Par lui.

Je tiens son bras. Lentement, je me dégage, je m'éloigne. Je recule d'un pas. Si je ne reviens pas, il ne s'en sortira pas. Ira ici ou là, se blessera.

Je reviens. Il est maintenant plus petit que moi. Ça n'avait jamais été le cas.

L'homme qui rétrécit

L'été dernier, j'ai revu *L'homme qui rétrécit* de Jack Arnold. Le film a pris un sens inédit. Plus douloureux, plus précis : la diminution jusqu'à l'infiniment petit, l'ouverture métaphysique des dernières images étoilées de nuit scintillée me sont apparues sous une nuit nouvelle. L'Ehpad, c'est la maison de poupée, sans chat pour venir l'attaquer. Mais il y a aussi, à proximité, les escaliers, la cave, la possibilité d'être abandonné, oublié et de finir volatilisé.

Fin du numéro

J'ai effacé son numéro de portable de mon répertoire. Un jour où il me semblait évident qu'il ne m'appellerait plus. Comme ça, ce serait fait. À un moment où ce ne serait pas trop douloureux ni significatif. La question du répertoire et de ses liens avec la réalité était ainsi réglée: j'ai supprimé avant que ce soit une manière d'éliminer. J'étais certaine qu'en m'y prenant de cette manière je serais sauvée, qu'il n'y aurait ni crève-cœur ni grandiloquence.

Quelques jours après, il m'a appelée…

Fleurs et deuil

Nous étions boulevard Pasteur, nous achetions des fleurs. Ma grand-mère, soudain, ne m'a plus reconnue. Elle a cru, alors que je payais, que je voulais la voler. Elle s'est énervée. Puis débattue. Elle m'a frappée, insultée. Nous avons remonté ainsi la rue Falguière, longtemps, longtemps. Nous sommes arrivées en bas de chez mes parents. Elle me frappait toujours. M'insultait encore. Je ne pouvais pas la lâcher ni l'abandonner. Je l'ai donc plus ou moins traînée sur un long trajet. J'ai sonné, mon père est arrivé. Il l'a calmée. Et puis, tout a cessé.

La souffrance a alors soudainement disparu, l'amour, l'affection totale et sincère, aussi. Elle m'avait frappée. Je comprenais bien que ce n'était pas de sa responsabilité. Je ne voyais chez elle aucune culpabilité. Mais j'ai été libérée. Notre relation ne pouvait plus durer, c'était terminé. Ce n'était plus elle, comme avant, et pourtant, dans ses mots insultants, tout lui ressemblait tellement, ils ne sortaient pas au hasard, c'était elle, malgré tout.

Le bouquet de fleurs était en lambeaux. Mon attachement pour elle aussi. Cela m'a fait penser à cette histoire du Petit Nicolas qui rapporte un bouquet en charpie à sa mère. Ce fut surtout une scène de rupture.

Je ne parlerai pas de deuil, ni, comme on le dit maintenant, de « deuil blanc » (quand il s'agit de personnes encore vivantes). Si le concept me semble pertinent, sans doute opérant, j'ai du mal à l'éprouver personnellement. Au contraire, je ne cherche pas à faire le deuil : je cherche, encore une fois, à trouver mon père là où il est.

J'ai ainsi attendu le jour où mon père pourrait me frapper. J'ai vu dans ce moment à venir une étape obligée, un signal. Il n'est jamais arrivé. Il n'a pas levé la main. Parfois le ton. Pas plus.

Pour voir notre lien évoluer, j'ai dû improviser et choisir la voie de la continuité.

Au labyrinthe

Ma grand-mère aimait beaucoup Offenbach. Celle de ses œuvres que nous préférions, c'était *La Périchole*, nous la connaissions par cœur. Sinon, nous aimions bien écouter *La Vie parisienne*. Ou alors, plus rarement, *La Belle Hélène*.

Nous aimions bien l'air d'Oreste, nous le chantions, elle tricotait. Je la trouvais parfaite.

« Au cabaret du labyrinthe, cette nuit j'ai soupé mon vieux. » Notre famille en a tellement soupé du labyrinthe de la maladie, depuis. « Pouvais-je m'attendre à cela ? ». Non, vraiment non. Elle, puis mon père, ça me semblait impossible. Pas deux fois. « Tzing, la, la ! Tzing, la, la ! Oya kephalé, kephalé, oh là là ». Oya kephalé... C'est du grec de cuisine, mais on ne saurait mieux dire : « Quelle tête. »

Cette maladie nous pousse à toutes les relectures, à toutes les réinterprétations. Même des plus simples chansons. Même dans les moments où l'on se sentait bien, où le lien avait une force d'airain, des signes semblent apparaître, annoncer le naufrage, fissurer l'âge d'or et l'innocence. Peut-être qu'il m'est difficile de me souvenir de notre insouciance d'alors...

La voix

Je ferme les yeux. Et je découvre que la voix de mon père n'a pas changé. Elle est toujours la même, jeune, assurée. Il faudrait un rien pour que tout soit restauré. C'est presque à proximité, un peu de cerveau rafistolé, une remise en forme accélérée et on y est. C'est une illusion dont je veux à tout prix me débarrasser. J'ouvre les yeux, je le regarde.

Dans l'ascenseur, je prends bien soin de nous fixer dans la glace. Moi, désormais, plus grande. Plus forte. Plus disposée à appuyer sur le bon bouton pour obtenir l'étage désiré. Lui, à côté. Je regarde, je regarde, je ne veux pas oublier ni me consoler, je veux toute la vérité, que le grain de la voix, la forme de la phrase a, un instant, dissipée.

Le duo

Nous discutons. À notre manière: les mots ne comptent plus, le sens a disparu. Restent uniquement la prosodie, la syntaxe et le ton. C'est une sorte d'épure, c'est la silhouette élégante de la parole qui s'avance en roulant des hanches. Nous faisons des boucles de langage, nous modulons, il y a tous les signes de l'argumentation, de l'articulation. Le contenu n'y est plus mais le style est toujours là. Une forme d'assurance, douce, calme et le sens de la formule. La manière, aussi, de voir le comique possible de toute situation. Il termine chaque phrase par une pirouette. Il y a toujours l'imagination. Je reste sidérée par l'harmonie qui se dégage dans ces moments-là. On dirait parfois – je suis grandiloquente – un duo mozartien. Il affirme, je confirme, il dit, je nuance, jamais je ne contredis pour ne pas gâcher l'harmonie. Il questionne, je réponds. Il est péremptoire, je le suis aussi. Il dit n'importe quoi. Mais ce n'est pas la première fois. Jamais n'importe comment. C'est lui. Et mon rôle à moi, c'est de l'écouter, ça l'a toujours été. De le confirmer. De m'en emparer et de me l'approprier pour tâcher d'exister. Puis, en catimini, de transformer ce qui m'a été légué et de m'émanciper. Sans, cette fois-ci, pouvoir le transmettre ni le revendiquer.

Ces discussions sont le fruit de quarante ans de fréquentation, d'une complicité, d'une éducation. C'est le lien quand il ne reste rien. Ou presque.

Les mots

Les mots qu'il invente, je m'en ressers immédiatement. Le radical existe, le suffixe est parfaitement aléatoire. Mais toujours bien choisi, immédiatement vraisemblable. Le mot apparaît : il a aussitôt l'air d'avoir toujours existé. Ces mots inventés, je les place dans la phrase suivante. Je tente ainsi de les légitimer, de les faire exister. Je ne les écris pas dans un carnet, ils seront aussitôt oubliés, mais je leur donne quelques secondes la possibilité de faire partie du vocabulaire, d'un dictionnaire éphémère.

Quand j'étais au collège, en rentrant le soir après les cours, je lui lisais à haute voix, un par un, les romans de *La Comédie humaine* de Balzac. J'avais un carnet de vocabulaire pour noter les mots que je ne connaissais pas (épithalame, vertugadin, etc.). Il y avait chez mon père une obsession du mot juste et du mot rare.

Du jeu de mots aussi. Il continua à en faire, encore et encore, en flot continu, pendant longtemps. Au moment même où sa pensée n'était plus articulée ni organisée, il persista à les aligner. Parfois avec frénésie. Il a continué à parler par des voies détournées : ce n'était plus lui mais les mots qui décidaient.

Les mots, c'est ce qu'on doit le plus respecter et conserver. Voilà un sujet avec lequel il n'a jamais tergiversé ni cédé : un mot de côté et l'on pouvait être déconsidéré. Ses mots inventés font donc autorité même s'ils ne durent qu'un fragment d'éternité.

L'impair

Il parle depuis vingt minutes. La plupart des mots n'existent pas. Je ne m'en fais pas. Je l'écoute. Soudain, il dit « Ça déconnait de trop ». Mon oreille se hérisse. Jamais il n'aurait employé « de trop » de cette manière auparavant. Je suis éberluée : cette manière de parler, ce n'est pas la sienne. Ce n'est ni sa région ni son milieu. C'est presque vernaculaire. Au risque d'être pénible, j'y vois le « spectre du déclassement ». Je ne peux m'en empêcher. Il disait pourtant n'importe quoi depuis des minutes entières et ça ne me gênait pas du tout. La dégénérescence, oui. Le déclassement, non. Encore une fois, j'essaie de maintenir quelque chose pendant qu'il tombe et je me perds dans ses chutes en cascade. Je demande à ceux qui sont avec nous s'ils ont entendu ce « de trop » : ils se moquent, à raison, de ma stupéfaction (ainsi que de mes prétentions à être quelqu'un de gauche).

Avec la langue, mon père, c'était Lady Grantham dans *Downton Abbey*. Il pouvait s'offusquer de manière excessivement violente d'une tournure vulgaire dans l'intention, d'un mot employé abusivement, d'un tic de langage ou d'une formule à la mode. Il pouvait aussi justifier les pires fautes de français en prétendant que c'était des latinismes, qu'on trouvait la même chose dans les *Catilinaires*. Pour ce « de trop », il aurait été capable, si je l'avais prononcé, de m'envoyer reprendre mes esprits dans ma chambre ou de crier au génie (plutôt au sien qu'au mien, d'ailleurs) car on était là dans la parfaite proximité du «*ne quid nimis*» latin qui lui-même renvoyait au «*meden agan*» de Delphes. À partir de là, dans cette hypothèse heureuse, celle où je n'aurais pas été bannie pour vulgarité et bassesse verbale, nous aurions passé deux heures à rivaliser de locutions latines et grecques, d'exemples types, nous vautrant comme deux porcelets enthousiastes dans la boue bien douce des pages roses du Petit Larousse.

« Ça déconnait de trop », quand même. Quelle maladie terrible...

Les paroles gelées

Son passage préféré, dans l'œuvre de Rabelais, c'était les «paroles gelées». Panurge fait un voyage et prend la mer. Il arrive dans une région glaciale où s'était déroulée une bataille. Les clameurs, les cris, les hennissements, le bruit des armes furent gelés. Ils sont là, dans le paysage, conservés, visibles et glacés. Leur dégel permet de les entendre à nouveau.

« Lors nous iecta sus le tillac plènes mains de parolles gelées, & sembloient dragée perlée de diverses couleurs. Nous y veismes des motz de gueule, des motz de sinople, des motz de azur, des motz de sable, des motz dorez. Les quelz estre quelque peu eschauffez entre nos mains fondoient, comme neiges, & les oyons realement. Mais ne les entendions. Car c'estoit languaige Barbare » (je laisse le texte en ancien français, mon père ayant eu la bonne idée de m'expliquer autrefois qu'un humain digne de ce nom se devait d'avoir lu Rabelais et qu'il était épouvantablement vulgaire d'en lire une traduction. Ce qui explique que je l'aie lu très tard. Traduit, évidemment.)

C'est l'impression que j'ai en écoutant mon père. Ses paroles gelées, à longueur de journée muettes, fondent en la présence d'un interlocuteur. Des mots blasons, inventés et colorés, s'échappent de son silence. Mon père vit entouré de phrases en arabesque qui coulent, goutte après goutte, dans un flot langoureux. Elles ne représentent en rien ce qu'il aurait voulu ou pu dire, elles ne sont pas des révélations ni même une option. Elles sont sa texture, sa chair, sa vie. Le langage qui apparaît est pure sensualité, couleur et matière. Il ne dit rien, il n'a nulle cohérence.

Les mots dégèlent mais ne trahissent pas de bataille passée. Juste du plaisir et de la beauté. Il n'y a pas de « parolles bien picquantes, des parolles sanglantes » qui laissent imaginer une « guorge couppée », ni « des parolles horrificques, & aultres assez mal plaisantes à veoir. ». Il y a peu d'onomatopées, même si, parfois, elles viennent s'accumuler de manière furieuse : « Es quelles ensemblement fondues ouysmes, hin, hin, hin, hin, his, ticque torche, lorgne, brededin, brededac, frr, frrr, frrr, bou, bou, bou, bou, bou, bou, bou, bou, traccc, trac, trr, trr, trr, trrr, trrrrrr. »

Dans le grand froid de son cerveau évidé, il y a la beauté du verbe. Qui fut et qui continue.

Alphabets

Je porte un pull tricoté par ma grand-mère. Je ne sais pas comment il est arrivé chez moi. Il est moche, trop petit, ses couleurs sont immondes (du beige, du bordeaux et des motifs douteux de différentes couleurs). Il gratte. Il gratte comme il le faut. Avec art. Là où il faut aussi. En plus, il ne m'a jamais appartenu. Mais je le porte. Quitte à agrandir les trous laissés par les mites. À me sentir un peu étriquée.

Je retombe parfois sur quelques mots écrits par mon père bien que je les évite. Dans cette édition de *Tristram Shandy* de Sterne offerte pour mon anniversaire, par exemple.

L'écriture de quelqu'un qui n'écrira plus, c'est connu, a toujours quelque chose de bouleversant. Quand il est mort, c'est difficile. On imagine encore la main qui trace. Les pensées qui se couchent. Mais les écrits deviennent alors des archives qui rejoignent les manuscrits, les écritures illustres et les correspondances. C'est un domaine rassurant, celui des traces. Quand il s'agit, en revanche, de mots laissés par quelqu'un de vivant qui a perdu la faculté d'écrire, c'est insupportable. Le manque, l'incapacité prennent toute la place. La main est là mais elle ne peut plus. Enfin, si, elle pourrait, mais le cerveau ne peut plus. Tomber, ainsi, au hasard, sur des notes, une ligne, une date dans un livre, c'est vaciller. Croiser des phrases à la calligraphie modifiée, à l'orthographe altérée ou à la syntaxe désordonnée, c'est plonger. À tout prix, il faut éviter. Il y a un jour où l'écriture, qui était tout, s'est tue. Mais pas dans le silence homologué de la mort, de la disparition, du départ. Non, elle s'est tue en sa propre présence. Elle est là mais n'est plus. Non qu'elle ne préfère plus : elle ne peut plus.

Le pull : on voit les mains s'agiter, s'occuper. D'un geste sec, d'une grande sobriété. On décèle encore la mécanique, la comptabilité. On voit les pelotes se dévider. On sent même l'art et la subtilité de ces motifs que ne parviennent pas à cacher leur hideur. On a aussi vu, en son temps, la difficulté. Il y eut l'incapacité. Puis l'impossibilité. On a vu, avec la maladie, le dernier ouvrage, bien avant la mort, inachevé et les larmes qui ont été versées.

Mais on peut le porter. Il réchauffe. Il console avec son aberrante mocheté. On démaille à chaque geste effectué. Voilà, le pull, c'est un texte muet. C'est une déclaration d'amour suggérée. De l'affection maillée. Il ne dit rien, c'est à nous de le faire parler. Dans une langue non homologuée. Qui échappe aux ordonnances et aux lignes.

Ce n'est pas l'écriture et ses arrêtés, il est possible de s'y réfugier.

Mimétisme

J'ai le sentiment d'être atteinte d'une forme d'hystérie mimétique, d'un syndrome de Münchhausen. À moins que je ne sois malade. Je supporte tellement mal d'en savoir plus, de me repérer mieux que lui que j'en viens à désirer fortement me perdre dans la rue (je n'y arrive pas), me tromper dans les dates, effacer des souvenirs essentiels.

Quand je suis avec lui, je sens que mon cerveau fait un effort pour s'asphyxier, devenir moins agile. J'essaie de me limiter, de ne pas dépasser. Je déteste savoir faire tout ce que je fais (ouvrir la grille, allumer une cigarette, payer un café, choisir la bonne direction, éviter un obstacle, décider qu'il faut sortir, rentrer, revenir).

Je me sens soudain proche de ces enfants qui ne réussissent pas à apprendre à lire, terrorisés à l'idée de dépasser des parents analphabètes, ce sont des enfants qui pourraient mais n'y arrivent pas. Je me réfugie plus ou moins volontairement dans des états de flou, de perdition qui me permettent d'avoir le sentiment de rester au niveau.

Chez moi, je passe ainsi des journées à ne rien faire, à me perdre sur Internet comme il est perdu dans la vie. Je veux me punir.

C'est une forme d'hystérie que je reconnais au premier coup d'œil. Dont je ne suis pas sortie.

Avant l'écriture

Mon père ne peut plus écrire. Je me retrouve fascinée, presque incidemment, par les mondes sans écriture. Par les grottes, par exemple (d'autant plus qu'il a toujours aimé ça). Et la folie qu'elles suscitent. Ce sont des époques dans lesquelles ne pas écrire n'était pas un manque, une perte, un handicap, mais un fait : l'écriture n'avait pas été inventée. Je cherche des statu quo ante.

Les grottes sont des versions positives de ses infirmités. J'espère même, de manière un peu superstitieuse, l'y rencontrer mentalement, nous pourrions communier. Mes accès de chamanisme ne font que s'accentuer. Il faudra bientôt me démarabouter.

La préhistoire, c'est un monde à déchiffrer, dans lequel il est facile de se laisser aller à interpréter, à extrapoler, à connecter. C'est un monde qui n'a laissé que des signes, pas de paroles. Pas d'écrit.

Pas de sens évident mais beaucoup d'hypothèses. Un univers riche d'être à ce point dépouillé.

Sa chambre que nous avions décorée est désormais bouleversée. Il a tout enlevé, déplacé, renversé. Il a tout arraché. Au mur, on ne voit plus que les traces de scotch et de clous. Sur les meubles, des traces de nourriture, de jus de fruits, de terre. Chaque jour, nous enlevons un objet : une boîte, une lampe, un lecteur de CD, des fleurs. Il n'y a presque plus rien. À part des empreintes de main.

À la fin, ce sera une grotte terriblement médicalisée qui portera les stigmates de la culture arrachée, d'un monde intérieur ravagé.

Les trophées

J'ai essayé de lutter contre tout ce qui a sombré. J'ai invoqué les mânes de la culture paternelle pour ressusciter sa puissance originelle. J'ai un côté Rahan. Je ne porte pas le collier de Crao, mais les trophées culturels qu'il a patiemment accumulés.

Pour l'instant, j'ai une baleine sur les bras. Je ne vais pas pouvoir vivre avec elle, comme ça. En plus, j'ai toujours préféré les koalas. Mais, d'eux, Hermann Melville ne parle pas. Je la jette dans les égouts ? Allez…

Ça ne marche pas. La baleine, on la voit ressortir rue Clovis. Nettement. En passant dans la rue, à bord d'un bus 89 au mufle limoneux, roulant au Pequod sans plomb, il est possible de harponner sa courtine. Les pompiers de la rue du Cardinal-Lemoine l'ont aperçue dans un recoin de la caserne. Elle leur a échappé. Debout sur leur camion rouge, ils nettoient le véhicule plein de sang et de bois brisé. Seuls les dégâts causés par son passage subsistent boulevard Saint-Germain : entre deux immeubles, elle a voulu se faufiler ; elle a finalement éventré la façade, laissant un trou dans son sillage.

Puis, rien. Ou presque. Le silence. Près d'un égout, elle tente désormais, sans doute, de respirer mais elle est repérée par Queequeg, fumant sa pipe, à l'aube, à l'extrémité de la grande vergue, et s'en est échappée. Elle va fumer près de l'Institut. « Aux avirons, aux avirons, sautez-lui dessus. »

On la revoit rive droite. Elle a dû plonger sous la Seine, filant comme une flèche dans l'eau tumultueuse. Elle ressort dans le jardin des Rosiers qu'elle éclabousse de son écume de pierre. Elle a probablement été obligée, pour subsister, de vendre graisse ou fanon au Crédit municipal. Des tailleurs de pierre ont marqué son flanc, les cicatrices laissent la trace d'un combat sans pitié. Quittant la vague du mont-de-piété, on la pense échouée le long de la rue Charlemagne.

Achab croit à sa victoire totale, il pense voir sa mâchoire tordue et son œil torve fixé sur le Marais. On entend des cris de triomphe. Tashtego et Dagoo s'avancent. Ils tombent sur un mur. Elle est déjà loin, dévidant la corde brûlante du harpon.

Il fait nuit, on la retrouve déjà rue du Jour, dans sa blancheur infernale, riant au nez des Nantuckais.

Voilà, c'est fait. Les personnages de Melville se promènent sur la ville. Je les laisse s'égayer en toute liberté. Je les autorise à se superposer au paysage désenchanté. Ce que je prends pour Moby Dick déchaînée n'est autre que la muraille de Philippe Auguste démembrée qui apparaît ici ou là dans les rues. J'ai fait ce que j'ai pu, j'ai un peu bricolé.

Ces hommes, ce cachalot, mon père me les a confiés. Je ne les ai pas vraiment adoptés (je n'ai jamais eu de rapport authentiquement direct avec eux, sans truchement paternel) mais j'ai la responsabilité, depuis qu'ils ont été effacés, de les ressusciter, de ne pas les laisser inanimés. Alors, dès que je le peux, je laisse, dans le bus, mon esprit flotter et je les regarde perdurer.

J'ai fait ce que je devais. Le bus est arrivé, c'est le terminus. Je suis en bas de chez moi, de mon immeuble. Ma vie continue. La baleine n'est pas perdue.

Inculte

Je suis devant une icône. Je ne saisis rien. À part qu'il s'agit d'une Vierge aux yeux cernés. Jésus est, lui aussi, bien que bébé, assez émacié. Deux nimbes verdâtres n'arrangent pas leur mine, qu'un fond doré ne vient même pas égayer. Jusque-là, je suis.

Sur le buste de Marie se trouve un rébus que l'on peine à déchiffrer : des écailles sur un voile rouge, dans la main du bébé du papier bien serré, trois profils encerclés, un caillou derrière son pied et, à côté, une montagne que le titre de l'œuvre déclare « inviolée ». On repère, à gauche, un roi dont la couronne ressemble à un chapeau en papier, à proximité d'un drôle de mur en pierre en forme de H. Pas loin, une échelle. Jésus porte une sorte de salopette. Enfin, un arc de cercle vient barrer tout cela.

L'icône est exposée au Petit Palais, à Paris. Je reste muette devant cet amas, analphabète d'une grammaire esthétique que je ne maîtrise pas.

Pour mon père, il doit en aller tous les jours de même. On sent que cela grouille, que cela s'agite, mais le sens, les références, les allusions ne se révèlent pas. Il voit peut-être le monde ainsi. Je me rapproche de lui, en me mettant dans cet état. Les autres (mais qui ?) comprennent, pas moi.

Je reste quelques minutes comme ça.

Mais le démon de l'information, de l'érudition qu'il m'a transmis reprend la main. Je suis soumise à une double injonction : être solidaire ou continuer à sa manière, à sa manière d'antan. Il n'aimerait pas que je sois dans cet état. Si rien de ce qu'il avait capitalisé n'a pu résister au krach neurologique, je peux, moi qui suis en bonne santé, y arriver.

Je suis son chemin : j'apprends, je retiens, depuis toujours, en priorité des trucs qui ne servent, en apparence, à rien.

Allons-y : l'enfant tient un volumen (au passage on découvre que le relieur dans Rome se nommait le « glutinator »). La montagne inviolée sort d'un rêve de Nabuchodosor, l'homme au chapeau-bateau, c'est le roi des rois devant le Temple, portes fermées, le rocher enfermait Daniel avec les lions. Les cercles dorés, c'est la rosée de la toison qu'a déposée Gédéon afin de communiquer avec l'Éternel. L'arc-en-ciel, c'est celui de Noé, l'échelle, celle de Jacob. Bref, tout l'ensemble montre que Marie était annoncée. Les vêtements de Jésus sont un chiton et un himation (que l'on ne confondra plus jamais avec une vulgaire chlamyde qui nécessite des attaches ou un péplos qui se joue de drapés) et une porte s'ouvre sur les voiles antiques.

Devant cette icône, j'ai tenté de réparer. Comme on me l'a appris, de manière cultivée. Érudite. Avec du grec, du latin, de l'hébreu. J'ai comblé les manques à coups de références, de connaissances pour que le monde ne vienne pas à couler. J'apprends ce qu'il aurait aimé connaître. Je refuse par tous les moyens l'idée que cela ait été vain.

Voilà, j'ai tout bien appris, je peux maintenant oublier. Mon père ne viendra pas m'interroger.

Livres sans lecteur

Il y a une chose dont je n'arrive pas à me départir : l'envie de lui acheter des livres. Dès que je vois un ouvrage consacré aux grottes préhistoriques, au Grand Nord, aux bateaux, au latin, au grec, à tout ce qu'il aimait, mon premier réflexe est de vouloir me les procurer et de les lui donner. J'évite la vitrine de la librairie des Belles Lettres tant chaque ouvrage semble fait pour lui. Je découvre que Mme de Staël, à laquelle il a consacré un scénario pour une série, est publiée dans la collection de la Pléiade. J'ai envie de le prévenir : il nous a parlé à longueur de journée de Germaine pendant un an. Nous savions tout d'elle. Puis plus rien (il passait ainsi d'une obsession à l'autre au gré des scénarios). À quoi bon cette Pléiade trop tardive. Il y a aussi une nouvelle édition de *Moby Dick* : j'ai envie d'envoyer tous ses exemplaires au pilon.

Que faire de tous ces livres arrivés trop tard ? Les lui acheter ? Il n'en fera rien. Tous ces sujets qu'il a tant aimés, il ne s'en préoccupe plus, ils ont disparu.

J'ai alors dans l'idée de les lire à sa place. Afin qu'ils soient lus, quand même. Pour ses raisons à lui. Pour qu'il existe encore des livres dont il aurait parlé, avec lesquels il nous aurait emmerdés.

Il disait qu'il aurait aimé être payé pour lire les livres abandonnés, esseulés, d'une vaste bibliothèque d'un châtelain trop occupé pour les consulter. Il aurait aimé que ce soit son métier. J'ai l'impression que les livres sont orphelins, qu'ils paraissent désormais pour rien.

Collés

L'idée à la con, c'est de se mettre à faire des trucs qu'on n'avait jamais faits. Et que l'on n'aurait jamais faits. Au nom de la maladie. Au nom des lois qu'elle impose, des changements de paradigme qu'elle suppose, des modifications qu'elle induit. De l'idée que l'on se fait des situations et des plaisirs de la vie.

Comme danser ensemble, par exemple. On se donne les mains. On danse. Je suis assez mal à l'aise. Lui, moins. Ce n'est pas moi, ce n'est pas lui. C'est moi qui veux bien faire et lui qui se laisse faire.

J'ai l'impression que nous sommes dans un thé dansant sous les yeux de Pascal Sevran ; Dieu, que c'est indécent…

La gêne est vite supplantée par la tristesse. Je nous imagine nous voyant depuis le passé : on aurait bien rigolé, on se serait moqués. Dans le manuel, ça doit être tout à fait recommandé. Et même conseillé. Pour le patient et l'aidant. Pour le parent et l'enfant. Mais, bordel, pas pour nous ! On danse une sorte de polka à la con, c'est affreux. L'accablement ralentit mes mouvements. Je fais un pas en arrière, je lâche ses mains progressivement.

Toute, toute la souffrance du monde, mais pas question de faire semblant.

Les pieds

À force de marcher, il a, je l'ai dit, les pieds élimés.

Il faut être trois pour le soigner. La podologue lui tient les pieds. Une aide-soignante s'occupe des jambes. Ma tâche, c'est de ne pas le laisser glisser du fauteuil sur lequel on tente de le bloquer.

Soudain, j'ai envie de lui dire : « Poussez, madame, poussez. » On dirait qu'il est en train d'accoucher avec ses jambes en l'air. J'ai l'impression de revivre la scène de mon arrivée de manière quelque peu modifiée. Je suis consternée par mes étranges pensées. Je n'ai d'autre choix que d'en rigoler.

Dans le grand chamboule-tout des liens soigneusement préservés, il y a de singulières images qui viennent s'immiscer. Surtout quand c'est un père et sa fille qui sont concernés et que le corps vient, fatalement, s'en mêler (il fallait bien, d'une manière ou d'une autre, en parler).

Œdipe n'avait-il pas les pieds gonflés ?

L'autorité

Quand il déambule, fantomatique, mon père me fait penser à ce passage des *Mémoires d'Outre-Tombe* qui se déroule le soir, dans l'obscur salon de Combourg.

Il faut imaginer les hauts murs, la cheminée, le froid. Le silence, la pesanteur. Les étoffes éteintes et passées (le « vieux lit de jour de siamoise flambée », la « ratine blanche »). La bougie et le feu vacillent, se tordent au gré des pas du père, habillé et coiffé de blanc, la joue creuse : « comme un spectre ». Le père fait sa promenade du soir dans le salon. Il marche de long en large. La mère se tait, les enfants se blottissent, chuchotent, nient avoir dit quelque chose. Même le vent se fait discret, tempéré par les soupirs maternels. Seule la cloche ose sonner. Les pas, toujours les pas, le père s'en va. Les portes se referment. Le « talisman » se brise, la famille reprend vie, sort de sa léthargie : « Transformés en statues par la présence de mon père, nous recouvrions les fonctions de la vie. » C'est alors que Chateaubriand évoque un « désenchantement » : la parole reprend, trop rapide, trop forte.

L'enchantement de Combourg, c'était un enfer. C'est la marque des pères Lucifer, des grosses tours de pierre. Le spectacle enchanteur n'était que terreur. Avant la Terreur. Avant les têtes coupées. Avant les mutations de l'égalité, de l'autorité, de la paternité.

Quand je vois mon père déambuler toute la journée, dans les couloirs roses, de part et d'autre sertis de rampes de sécurité, comme un spectre bien aimé, dénué de toute amertume, de toute agressivité, je regrette paradoxalement ce monde dans lequel un père faisait ployer les flammes des chandelles, faisait taire les enfants et dont les pas n'étaient pas une errance.

Jalouse

J'ai longtemps été très fière d'avoir un père si jeune. Il venait d'avoir 23 ans quand je suis née. Je crois même que j'ai paradé : mon père, j'allais plus en profiter, le temps paternel n'était pas compté. Avec ma grand-mère, j'avais 44 ans de différence : on avait le temps de tout, de voir venir, de ne pas penser à l'avenir. La mort n'entrait pas en ligne de compte.

Maintenant, quand une fille de mon âge me parle de son père, mon cœur se serre. Son père passe en voiture la chercher, lui rapporte un objet, lui téléphone, répare un meuble cassé, fixe une étagère, prend les enfants en vacances. Je ressens alors l'aigre picotement de la jalousie. Quand bien même mon père, s'il n'avait pas été malade, ne serait jamais venu chez moi fixer une étagère... Mais j'ai vite fait de l'imaginer faire des choses auxquelles il ne se serait jamais prêté : un voyage-croisière pour l'anniversaire de ses petits-enfants, un aller-retour dans un Leroy-Merlin, un voyage en voiture avec un meuble de famille dans son coffre. Je l'imagine de tous les clichés.

Une amie me dit que ses parents sont morts, elle pense qu'elle a bien de la chance. Surtout quand elle nous voit avec nos parents malades. « Moi, c'est fait », dit-elle. Rapidement et proprement.

Forte de cette déclaration, je me surprends à expliquer à une amie dont le père est mort d'un cancer qu'elle a « bien de la chance », parce qu'à la différence du cancer la maladie d'Alzheimer... Je m'entends le dire, je scrute son visage, il est trop tard pour reculer, ces mots, je les ai prononcés. Inévitablement, elle ne partage pas ce sentiment mais elle me pardonne, c'est accablant mais c'est la preuve de mon tourment.

Quand je vois à la télévision un homme politique, un écrivain, un chanteur de son âge, je zappe. Je ne veux pas croire que de tels hommes puissent encore exister.

J'ai souvent envie de ramener la réalité à son état, de mettre le monde en conformité avec un homme si jeune et pourtant dévasté.

Lui, au moins...

Mon mari et moi dans la voiture comme tous les couples dans toutes les voitures. Les tours de pâté de maisons, aucune place ne se libère. L'exaspération monte (la mienne, évidemment, je ne suis pas au volant, j'ai tout loisir d'être mesquine). Nous passons plusieurs fois devant une place libre, elle est réservée aux handicapés. Et là, je sors : « Mon père, lui, aurait pu se garer. »

Mon papa, c'est encore le plus fort.

Les versions

Chacun projette sur mon père un moment, un instant. L'un voit l'homme des années 70, le rebelle, la fanfare dans la rue, la gauche révolutionnaire. L'autre verra l'enfant doué à l'éducation catholique, qui passait ses vacances à l'ombre d'un château ou d'une villa normande. C'est l'intellectuel qui apparaît pour celui-ci, avec le latin, le grec, Rabelais et le reste. Ou le scénariste. C'est aussi l'ami qui, un jour, a su écouter et aider. C'est le mari, le frère, l'ami, le mari de l'amie...

Pour moi, c'est le père. Je n'aime aucune des visions proposées, des personnages projetés qui, à mes yeux, échappent à son authenticité, qui le bloquent dans un moment du passé. Il y a déjà une concurrence des héritages et des images, je me sens dépositaire, héritière, tributaire. Je sens que je grince, que je juge. Il y a déjà de la réécriture, des récupérations (très supposées, j'ai la jalousie des gardiennes de temple improvisées, autoproclamées).

J'ai le sentiment sans doute délirant de détenir sa vérité.

Commémorations

La maladie confère des avantages. On est commémoré de son vivant. Tout est pardonné, tout est effacé. On n'est pas enterré mais c'est tout comme. Certes, il est difficile pour la podologue de lui soigner les pieds, mais pour le reste c'est un homme d'une gentillesse inentamée, d'une culture jamais dépassée, d'un esprit brillant comme on en a peu vu. Bref, il est doté de toutes les qualités.

Peu importe ce qu'on pouvait lui reprocher, il est désormais du côté de la sainteté.

Pourtant, quand je lui parle et qu'il se barre, qu'il continue à marcher, en parlant, sans m'écouter, je me dis qu'on est dans la droite continuité de ce qui a toujours été.

Je cherche à le retrouver ou à le discerner, pas à le glorifier. Je traque ce qui s'est perpétué (une humeur constante, par exemple) sans l'enterrer. Sans même faire de bilan. Je tiens juste à ne pas trahir ce qu'il est en ce moment, à ne pas l'écraser un peu plus sous un monument.

De mes nouvelles

Il me parle de moi. Il ne sait pas que c'est moi. Il me dit à quel point je suis quelqu'un de calme, apaisant, qui ne fait jamais d'histoires. Je suis sereine, paisible.

Je suis assez d'accord. Cette lucidité, Dieu merci, il l'a gardée.

Il ajoute que malheureusement je manque de fantaisie, que je suis trop sérieuse.

Que c'est triste, sa maladie: il ne sait plus ce qu'il dit.

Pardon

Il est soudain sérieux. C'était il y a deux ans. Il est comme normal alors qu'il est déjà très malade.

On dirait qu'il a « dessaoulé ». Il me demande si je n'ai pas gardé un trop mauvais souvenir du tournage de *La Vie de famille*, un film de Jacques Doillon. Nous avions passé plus d'un mois, ensemble, à faire des kilomètres en compagnie de l'équipe du film : il écrivait le scénario, je jouais. C'était en 1984.

Trente ans plus tard, il tient vraiment à savoir. Le tournage ne s'est pas bien passé, j'ai eu le sentiment qu'il m'avait lâchée. Il m'écoute. Me regarde.

Je change de sujet, je m'aperçois qu'il est en train de me demander pardon. Avant de partir. Pas de mourir. Avant de partir au fond de lui-même. Je veux parler de tout sauf de ça. Dans cette discussion-là, j'ai entendu le glas. Et il entendait la même chose que moi.

Le regard

Je n'arrive plus à regarder les photos du passé. Cela me file des vertiges insensés. Je n'ai de toute façon aucun goût pour la nostalgie, ça m'ennuie. Jamais je ne me réfugie dans des photos jaunies. Ce qui m'intéresse est ici. Je n'aime pas savoir ce que nous ne savions pas à l'époque sur les clichés : la maladie, la mort, le gris. Je n'aime pas détenir ce supplément d'information. Je n'aime pas dominer de ma science présente le temps perdu, le temps gâché, le temps passé. Ces clichés d'insouciance avant la catastrophe m'épouvantent. Je ne veux voir aucun film, nulle photo. De toute manière je ne sais à quelle époque me référer ni même s'il y en avait une vraie.

J'essaie de le prendre en photo. De prendre une photo sur laquelle la maladie ne se verrait pas. Une photo de lui, à son âge, qui serait une photo comme une autre. J'ai beau varier les angles, multiplier les clichés, il y a toujours ce regard. Qui ne trompe personne, qui n'est à nul autre pareil. C'est le regard de la maladie, d'elle seule. Avec le sourire indécis de celui qui est perdu dans la vie.

N'y aura-t-il aucune trace de ces années ? Aucune image que l'on voudrait garder ? Doit-on penser qu'il ne s'est rien passé ? J'ai peur de tomber dans du révisionnisme existentiel : ce qui est, là, est avéré, vrai. On ne peut pas le supprimer. Doit-on considérer que c'est du temps en pure perte dont nous faisons semblant de profiter ?

Et pourquoi je me sens toujours, dans cette affaire, un rôle particulier ?

À sa place

Il est de toutes nos discussions. Il est là même quand il n'y est pas. Mais la géographie familiale a été reconfigurée. Les liens sont transformés, de nouveaux attachements sont possibles.

Il prenait beaucoup de place. Pour moi surtout. J'étais, c'était d'une comique notoriété, la fille de mon père. Il était mon modèle, mon précepteur, ma référence. J'ai suivi ses traces. Je l'ai imité, singé, caricaturé. J'ai tout fait comme il le voulait.

Il y eut comme un malentendu. J'ai cru que j'étais du lui, pur cru. Il a fallu qu'il soit malade pour que je m'aperçoive enfin que ce n'était pas à lui que je ressemblais, que j'étais le portrait de ma mère. J'ai pu voir, mon père dissipé, tout ce que je lui devais, à elle. À quel point c'est d'elle, aussi, que j'ai hérité. J'ai pu enfin l'admirer, l'aimer comme jamais. J'ai saisi, face à la maladie, à quel point on se comprenait. Il s'est créé une immense complicité que mon père occultait. On n'a pas les mêmes souffrances, douleurs, regrets, on n'a même pas la même vision de l'homme qu'il était et qu'il est, mais on sait que l'on ne veut ni pathos ni dispositif tout fait. Nous voulons rire et pleurer. À notre manière.

Ma mère déploie, au contact de la maladie, un courage, une attention, un tact, une subtilité que je n'ai rencontrés chez personne d'autre. Il y a quelque chose de parfait et juste dans sa manière de faire. De rire et de pleurer. Elle résiste d'une façon qui m'est totalement étrangère. Quand elle se déplace dans l'Ehpad, elle est désormais suivie par la moitié des résidents de l'étage. On dirait un essaim. Ou une version positive du joueur de flûte de Hamelin. Elle danse avec eux, leur parle, les touche, rigole. Elle est devenue leur repère. Elle refuse pourtant de se sacrifier. Mais enfin, elle travaillait, elle a dû arrêter.

Ma petite sœur se révèle jour après jour d'une solidité qui contraste incroyablement avec ma fragilité. C'est sur elle que je peux me reposer. Elle fait tout cela sans me juger. Elle transforme les visites à l'Ehpad en un moment charmant : elle vient avec son mari et sa fille, apporte du café, des chouquettes, on discute, on rit, tout est léger et heureux alors que j'avais décidé de venir seule pour bien affronter, bien m'accabler, bien douiller. Elle est lumineuse et forte. Je passais pour le roc de service ; c'était se tromper.

Il se joue désormais comme un acte supplémentaire : celui des révélations et des résolutions. C'est une consolation.

Chagrin

« La plupart des cerveaux ont leurs dimanches ; au mien était refusée même une demi-journée de congé. Cet état de veille constant était extrêmement pénible, non seulement en lui-même, mais par ses conséquences immédiates. Chacun des actes ordinaires que j'avais, comme il va de soi, à accomplir, revêtait une apparence compliquée, provoquait dans mon esprit une multitude d'associations d'idées, et si déconcertantes et obscures, si totalement dépourvues de valeur en vue d'une application pratique, que, ou bien j'esquivais la chose au dernier moment, ou j'en faisais du gâchis par pure appréhension »

Vladimir Nabokov,
La Vraie Vie de Sebastian Knight

Dans la gueule du loup

Dans les rayons d'un Toys"R"Us, nous cherchons, avec ma mère, des jouets manipulables et colorés qui pourraient occuper mon père et l'empêcher de toucher à tout dans l'Ehpad.

Devant nous, les boîtes de Duplo, les petites briques multicolores impossibles à avaler. Pour la première fois de ma vie, les vertus pédagogiques des jouets m'indiffèrent : il n'est pas question d'apprendre à lire, de connaître les teintes de l'arc-en-ciel, les animaux de la forêt ni d'améliorer la motricité fine. Le moment pourrait être sinistre : je le trouve incroyablement réconfortant. C'est là : « le calice jusqu'à la lie ». Peut-on imaginer une scène plus triste ? On y est. On y est. On y est. C'est bon. La situation est totalement maîtrisée, le fond du fond, sous tous ses aspects, symboliques, existentiels ou biographiques, est officiellement sous nos pieds. Il ne surgira pas au débotté, il ne va pas arriver sans prévenir. On y est, on y est, on y est.

En solitaire

D'Alzheimer, à vrai dire, j'ai d'abord tenté de faire la traversée en solitaire. En espérant ne jamais plonger, tout en sachant que ça ne pouvait que me guetter.

Il y a les malades. C'est si triste pour eux. Je suis même incapable de me formuler l'étendue de cette tristesse, ce qui la prolonge, comment elle évoluera.

Puis il y a nous autres, aujourd'hui indemnes. Ma mère, ma sœur, nos maris, nos enfants, nos familles, nos amis. Nous sommes projetés depuis des années dans un monde flottant, qui ressemble à un compte à rebours, dans lequel nous sommes soudés, divisés, opposés puis réunis. Meurtris, nous regardons un homme s'éloigner. Nous le voyons sombrer, résister, lâcher, sans même qu'il puisse être question de volonté. C'est une architecture qui vacille parce qu'un pilier s'est lentement enfoncé dans le sol. On découvre ce qui était occulté par le pilier paternel, on se voit mieux, on s'aime plus. On l'aime plus aussi. Puis on se demande si la maladie est un motif d'affection. On cède à la rébellion, à l'exaspération, à l'accusation. On abandonne ces tensions. On s'abandonne parfois.

Sans contact

Si nous sommes plusieurs à affronter cette douleur, je me suis d'abord sentie seule. D'une solitude que je n'avais pas encore éprouvée. Je n'ai jamais été solitaire, mais j'ai toujours eu un côté retranché, une manière d'être à moitié là, sur un pied. Ça s'est aggravé de façon incontrôlée.

« *Noli me tangere.* » Ne me touche pas. Jésus s'adresse à Marie-Madeleine. Ainsi en va-t-il avec ma carte bancaire. Payer sans contact, ne rien introduire ni composer, est en passe de devenir mon projet de société. « Vous acceptez le sans-contact ? » est ma requête préférée.

Peu à peu, je me suis dispensée d'entrer dans les magasins, j'ai commencé à commander sur Internet sans ménagement (ayant sur la conscience la mort de 92 libraires, 20 épiciers, 9 vendeurs de vêtements, 5 chausseurs). J'ai fait les courses en ligne. Si je devais me retrouver dans un magasin, je privilégierais toujours les caisses automatiques (ce qui est un mauvais calcul car elles se bloquent sans cesse et demandent l'intervention d'un hôte ou hôtesse tous les trois articles). Je me suis prise d'affection pour un restaurant où l'on commande grâce à une application sur son téléphone (le plat arrive ensuite tout seul sur un rail). J'ai repéré les restos avec buffet. J'ai cessé de téléphoner. Un peu. Puis assez complètement. J'ai privilégié les mails. Les textos. Et enfin le silence. J'ai d'autant plus commandé que j'ai décommandé.

J'ai fait croire que c'était une charmante manie. Une manière singulière mais si légère d'appréhender la vie. Puis je me suis ressaisie. J'ai bien relu les écrits (les paroles du rabbouni) : « *Noli me tangere, nondum enim ascendi ad Patrem meum* ». Ne me touche pas car je ne suis pas encore monté vers le père.

Le sans-contact, c'était en attendant. C'est dans la perspective de retrouvailles. Je me demande si je n'avais pas des perspectives similaires.

Agressivité

En réalité, j'organise ma solitude. Je la mets en scène. De manière assez agressive, mais aussi protectrice : je suis très entourée. Il y a mon mari avec lequel je ne cesse de discuter, à qui je ne cesse de demander de me réconforter, de me consoler, de me rassurer. Il le fait. C'est sans doute pour cela que je ne me suis pas effondrée. Il y a mes enfants, mes beaux-enfants. Et le chat, aussi. Qui s'en fout. C'est bien aussi d'avoir quelqu'un qui s'en fout.

Eux tous, je veux les préserver, je ne veux pas les accabler et j'hésite à évoquer devant eux cette douleur et cette inquiétude lancinantes. Mais il n'y a pas que cela.

J'ai décidé de cliver : il y a ma mère, ma sœur avec qui je peux partager le destin de mon père, dont j'ai tendance à me rapprocher, mais cela a été un long trajet. Il y a surtout mon père avec qui j'ai décidé d'une totale exclusivité, avec qui j'ai la tentation, pour simuler une forme de piété filiale, de fidélité, d'aide inconditionnelle, de m'enfermer. Et il y a le reste. Qui n'est pas un reste, au contraire, qui est tout mais n'est pas considéré à sa juste valeur.

C'est non seulement délirant, mais aussi méchant. Je ne suis pas Ariane, je ne suis pas abandonnée, il n'est pas mon rocher. Je ne suis pas sur une île naufragée. J'aime et je suis aimée. Je suis aidée, réconfortée.

J'ai beaucoup de mal à raccorder, à tout faire coïncider : la jeunesse, l'amour, l'avenir, les moments de gaîté ; et le message que mon père me laisse malgré lui : à quoi bon, tout finit gâché, oublié, massacré. Je ne sais plus très bien vivre. Non par manque d'aptitude, mais par volonté.

Cynisme

J'ai toujours aimé cette phrase de charcutier : « Je vous laisse l'entame ? » On ne saurait mieux dire. Je me sens-suis sentie entamée. Rongée serait trop fort, écaillée trop ostréicole, ravagée, exagéré, amputée, disproportionné. Bref, j'étais comme jetée dans les bras de morflée. Et j'ai décidé que ça ne pouvait plus durer, la dignité, la sobriété, l'humour distancié. Cette souffrance, je devais un peu la maîtriser. Du moins la situer. Et, pour ce faire, il fallait la cerner. Je ne parvenais plus à endiguer, ni à écoper.

J'ai tenté, timidement, faute de pouvoir en parler, d'exploiter la situation. Je ne vois pas pourquoi nos malheurs devraient rester là, dans leur stricte pureté, leur pénible authenticité et n'être d'aucune utilité quotidienne. L'élégance, c'est une vertu extraordinaire. Elle n'a qu'un défaut : la plupart du temps, elle passe inaperçue. Je l'ai fait de manière assez modérée : j'ai invoqué la maladie de mon père pour annuler un truc qui m'emmerdait, pour me désister. Jamais (encore) pour justifier un écart de conduite ni de tempérament. Cela serait trop cynique ou déplacé. Mais l'histoire n'est pas terminée.

Mon père pourrait aussi devenir un suicidé de la société ou un dévasté du siècle, il pourrait avoir une maladie qui le dépasse, le sublime, il pourrait même illustrer tout ce que l'on voudrait (notre rapport à la mémoire et à l'oubli). Et si je tentais de faire de la psychologie, de la sociologie, de l'anthropologie ?

J'ai parfois théorisé : « Ce que j'ai appris », « ce que j'ai pu découvrir », « L'intérêt de cette maladie ». L'intérêt ? Non, mais tu t'entends parler, intellectualiser, pérorer ? Tu penses à lui, qui est en train de sombrer ? Pour de vrai ?

Musset écrivait que « les douleurs passagères blasphèment et accusent le ciel ; les grandes douleurs n'accusent ni ne blasphèment ; elles écoutent ». Tais-toi !

Je n'arrive cependant pas tout à fait à renoncer, à ne plus penser qu'il y a forcément quelque chose à tirer, que ce n'est pas le désastre complet.

Et si ce n'était pas ça ?

La faute de goût suprême, la faute morale absolue, ce serait de se tromper. Et si Alzheimer n'était qu'un prétexte et que j'étais juste déprimée ? Pas déprimée à cause de la maladie. Déprimée en soi. Ce serait criant d'inauthenticité : j'invoque mon père, la maladie, et je suis juste paumée.

Heureusement, il existe des tests en ligne. Je dois avouer que, d'un point de vue théorique, j'obtiens d'assez bons résultats en dépression. Même d'excellents. Mais enfin, chez moi, les tests, c'est une vocation.

À 8 ans, je savais, grâce aux tests des magazines estivaux, que j'étais une femme adultère. Dans un jardin, sur une chaise verte d'un salon de jardin en fer forgé, je me découvrais de droite à 9 ans. Dans un hamac, je me savais bonne mère à 10, plus amante que copine la veille de mes 11 ans. J'étais potentiellement SM à 12 ans.

Je répondais, sans gêne excessive, à toutes les questions posées. Quitte à improviser quand je n'étais pas directement concernée.

J'ai calculé ma charge mentale en prenant soin de ne pas relever que les questions étaient biaisées, j'ai identifié mon animal sexuel (qui m'a fort déçue, comment me suis-je retrouvée avec un dauphin ? Qu'est-ce que j'ai pu répondre ou dire qui m'a valu cette affiliation ?), j'ai pu vérifier que je n'étais pas une femme de pouvoir, trouver une déco qui me ressemble, un régime qui me rassemble, j'ai relevé cinq, dix ou vingt signes qui faisaient de moi le pire ou le meilleur.

J'ai vérifié que je n'étais pas un pervers narcissique, un vampire psychologique, schizophrène, allergique au gluten, fausse grosse, naturelle cool, en plein burn-out, bore-out, que j'aimais mon conjoint, mes enfants, moi-même, j'ai calculé régulièrement mon IMC. J'ai vérifié quantité d'images du moi, d'aspects de soi sans jamais me croiser une seule fois.

Je n'ai jamais tenté de calculer mon QI car je sentais à l'avance qu'il me faudrait trouver des tonnes de formes d'intelligence parallèles pour me consoler. J'ai essayé de voir si j'avais une fibromyalgie, un cancer, une carence.

La maladie d'Alzheimer, non, je n'ai pas essayé. De toute façon, c'est sûr, je l'ai. J'ai calculé l'âge de ma ménopause avec passion. À répétition, c'est l'un des trucs les moins inquiétants qui m'attendent. Je vérifie aussi, sur l'échéancier, ma carnation, ma couleur de canine, si j'ai des reflets roux et une peau mixte.

Malgré tout ça, je ne me suis jamais rencontrée. Et si je ne suis même pas certaine d'être en pleine dépression, ni quelles sont mes motivations, je touche plus que souvent le fond.

Et si c'était la maladie de mon père qui m'accablait ? J'hésite à répondre, on ne badine pas avec le malheur.

L'autre malheur, le vrai

Le grand malheur, ce fut avant. Il y a longtemps. Pendant la Seconde Guerre mondiale. En 1941.

Avant ma naissance. Il fut européen, historique et familial. Ce fut un malheur total, ce fut le Mal. Le meurtre de mon arrière-grand-mère maternelle et de sa fille par les nazis. Un malheur transmis dont je n'ai pas été victime mais dont je suis l'héritière.

Il était convenu, dès lors, qu'il n'y aurait à l'avenir que des inconvénients, des contrariétés, des revers de fortune – et encore... –, des périodes difficiles, des drames pour rien, des crises évitables, du temps perdu mais pas de vrai malheur. De drame comparable. La tragédie, c'était chose faite. S'il nous prenait l'envie d'être malheureux, ce ne serait de toute manière pas un aussi gros malheur, ce serait une souffrance de pacotille, de contrebande. Une forme d'ennui, un avatar du désœuvrement. Du malheur qui s'y croit mais qui n'y est pas.

Le malheur, c'est quand il fait froid, que c'est l'hiver et qu'il y a des nazis et des chiens. Le reste... ce sont les aléas de la vie.

J'ai, par conséquent, le plus grand respect pour le malheur et n'en ai jamais fait usage à la légère. Sans compter que j'ai eu de la chance.

Avoir deux proches, si proches, tellement aimés, touchés par la maladie d'Alzheimer ne m'a donc pas semblé, pendant longtemps, relever de cet ordre. Enfin, si, pour eux, évidemment. Pour ma grand-mère puis pour mon père qui, pour l'une, fut, pour l'autre, est, malade, c'en est un considérable. Total. Terrible. À un point inimaginable pour nous. Ce sont des vies fracassées, à moins de

60 ans, des existences que quitte la présence. C'est leur malheur.

Le statut de victime m'ayant été interdit depuis l'origine, je n'ai même pas eu l'idée de me plaindre. Ni de m'en targuer. N'étant ni sacrifiée ni « aidante », je n'avais pas de quoi. Sans compter que j'ai un goût modéré pour la plainte. Et puis, à qui se plaindre ?

Sans malheur propre, j'ai continué intranquille. Avec la conviction d'être dans un état indéterminé entre l'insensibilité et la solidité de celui qui, pour l'instant, est épargné. Tout, pourtant, prenait à mes yeux une teinte particulière. Des angoisses nouvelles, des associations inédites, des attentions irrépressibles, des vertiges hors de contrôle sont apparus. Puis une forme de trouble et de solitude s'est installée. Le monde s'est trouvé alors de part en part transformé, brouillé.

Veiller

C'est la nuit. Une nuit parmi tant d'autres. Je ne les compte plus. Pour celle-là, il fait froid. Je m'avance sur la terrasse. Le périphérique est déjà rouge et jaune. Ça commence à « boucher ». Il est quatre heures. Il faut imaginer des réveils qui sonnent, plus tôt, des douches, des rasages, des vêtements préparés la veille, des chemises sur cintre ou pliées, des poses de mascara à la lumière artificielle. Il faut penser aux tonnes de fatigue accumulée, aux enfants qui dorment et qu'on ne va pas réveiller. Je m'avance encore. Les rails du train et du RER sont encore désertés. Sur les chantiers, on travaille déjà. On dirait des Playmobil affairés.

Tout ça devrait me consoler. Je devrais relativiser. De m'être réveillée si tôt, pour rien.

Depuis que je me suis doutée que mon père était malade, je me suis réveillée ainsi toutes les nuits. Longuement. Sans exception ou presque. Ce que j'oublie le jour me revient la nuit.

Heureusement, les journaux féminins m'ont aidée à y voir un mode de vie. Qui a inventé l'expression « morningophile » ? J'y ai cru. Du moins, j'ai voulu y croire. Et je m'y suis crue.

Mon père dort-il ? Peut-être qu'il marche.

Le périphérique est de plus en plus encombré. L'autoroute A4 n'est que dans un sens congestionnée. Porte de Bercy, c'est un vrai merdier. Deux voitures sont flashées : les conducteurs, pendant vingt minutes, vont maugréer.

L'idée, c'est de « prendre du temps pour soi », le cas échéant « se retrouver », boire sereinement et lentement des trucs chiants, chipoter des laitages presque à même le pis assortis de baies qui ont toutes les chances de se révéler létales d'ici deux ans et de céréales qui n'ont jamais connu le malheur. L'idée, c'est d'être paisible, calme dans des aubes trépidantes inspirées de tous les bien-être possibles de tous les pays scandinaves de la planète. C'est un mode d'existence sublime, une vie avant la vie, une utilisation saine et chaste de la nuit.

Mon père doit dormir. Je l'imagine, dans son lit une place. L'image est terriblement triste.

Au bout de quelques minutes, je me retrouve totalement angoissée. Seulement soulagée de n'avoir personne à croiser. D'être isolée.

Les RER entament leur trajet. Ça tombe bien, j'en ai assez de jouer à Bison Futé (le périph, ça n'a pas l'air de s'arranger). Je vois des noms défiler sur les camions : de déménageurs, de sociétés, d'entreprises de transport. J'ai l'impression que chacun a un message à délivrer. La vie continue. Les gens s'en foutent de ce qui nous arrive, du sort du père, de ma famille et du mien. Ça fait du bien.

Mon père est sans doute déjà réveillé. La porte de sa chambre est-elle fermée ?

L'aube pour soi, en vérité, ce sont les lave-vaisselle que l'on vide en faisant le moins de bruit possible, des lessives qu'on lance et étend en cycle court et satisfaction rapide, ce sont des heures perdues sur le Net à suivre la vie d'inconnus de la télé sur lesquels on ne va pas se renseigner. Ce sont des cafés bus à répétition à l'heure des exécutions, des moments d'hystérie et des messages grotesques regrettés aussitôt envoyés, des bains que l'on fait couler lentement parce qu'on a le temps, des résolutions qui ne tiendront pas, des méditations plus profondes qu'on ne l'aurait voulu, des lignes que l'on croit drôles et qui révèlent une infinie tristesse. Pas de céréales, d'amies en chaussettes grosses mailles ni de cheveux adoucis d'une aube pâle.

Mon père reste-t-il couché sur son lit, quand il n'est plus endormi ? Regarde-t-il le plafond ?

Passent une ambulance et un camion de pompiers. Pour certains, la journée est déjà gâchée. Et puis la maison se lève et c'est un soulagement. C'est la fin d'un matin d'égarement.

Deuil

Lorsque j'ai lu le *Journal de deuil* de Barthes, à sa parution, j'ai été agacée. Cet homme de plus de 60 ans, orphelin et veuf de sa mère, qui pleurniche parce que sa « mam » est morte, qui ne s'en remet pas, qui rêve d'elle en chemise de nuit Uniprix, j'avais trouvé ça grotesque. Ce gros chagrin était consternant. Son désespoir, sa longue lamentation fiche après fiche me semblaient hors de propos, infantiles, gênants.

Je faisais de ce texte une lecture grinçante et sarcastique. Roland Barthes était un vieux petit garçon. Il avait 62 ans, elle en avait 84. La mort de sa mère, ça devait bien arriver : j'avais alors une conception assez sommaire de l'« ordre des choses ». Il faut imaginer Œdipe heureux.

« [Bête] : en entendant Souzay chanter* : "J'ai dans le cœur une tristesse affreuse", j'éclate en sanglots.

*dont autrefois je me moquais »

Barthes a changé. Moi aussi.

Pour la plupart, c'est très triste d'avoir un père malade mais « tant qu'on a la santé, il faut en profiter », « oui, les parents vieillissent » et « oui, nous vieillissons nous-mêmes », « ah, quelle saleté que cette maladie ». Ce recours à l'ordre des choses, c'est ce qui me réconforte et ce qui m'accable.

Je relis Barthes. « J'oscille – dans l'obscurité – entre la constatation (mais précisément : juste ?) que je ne suis malheureux que par moments, par à-coups, d'une façon sporadique, même si ces spasmes sont rapprochés – et la conviction qu'au fond, en fait, je suis sans cesse, tout le temps, malheureux depuis la mort de mam. »

Je le relis différemment. J'ai, depuis, fait l'expérience d'une vulnérabilité que je pensais conjurer.

Suis-je atteinte de sensiblerie ? Suis-je immature dans ma manière d'affronter la douleur ? Existe-t-il, chez moi, une volonté pathétique et déraisonnable de vouloir rester un enfant, l'enfant ?

Mon père ne m'a jamais parlé de Barthes dont je lis chaque livre à répétition, sans discontinuer, à ma manière, le trahissant sans relâche (je fais le tri, je fuis la théorie). Il n'est pas à l'origine de cet engouement. Celle qui m'a donné ses livres, c'est ma mère. Sa lecture ne doit rien à mon père : étrange affaire. Lui qui me parlait de tout ne m'en parlait pas du tout. M'a-t-il caché quelque chose ?

Autonomie

J'ai été très émue de ces lignes dans lesquelles Barthes raconte combien il a été blessé par les rires dans la salle lors de la projection de *Perceval le Gallois* de Rohmer. Les moqueries et sarcasmes devant ce film que l'on s'accordera tous, ou presque, à trouver charmant et délicat mais sans cesse au bord du grotesque, l'ont affecté.

Perceval, c'est un jeune homme qui vit reclus avec sa mère, laquelle le protège et l'éloigne du monde. Le jour où il sort de son château, où il quitte sa mère, donc, il accumule méprises, gaffes, naïvetés et décalages. Et accomplit quelques exploits.

Roland Barthes explique que sa mère n'était pas du genre à lui faire des « observations », ni à lui donner des leçons. Elle ne le traitait pas, du moins s'en défend-il, en « petit garçon ». Au détour d'une page, il raconte notamment qu'elle n'était pas de ces femmes insupportables qui planifient votre itinéraire ou vous recommandent de faire attention en traversant.

La mère de Roland Barthes mourut. Il vécut seul dans l'appartement. Un jour, il sortit et se fit renverser par une camionnette. Il en mourut quelque temps plus tard.

Perceval, c'est lui.

C'est moi ? Quand même pas.

Vulnérabilité

J'ai soudain d'immenses élans du cœur pour ceux qui, forts, connaissent désormais la vulnérabilité. J'éprouve une pitié dangereuse pour tous ceux qui sont tombés. Je n'ai nulle joie mauvaise vis-à-vis de ceux qui ont dévissé. Je regarde les gens lutter et je m'aperçois en miroir. Sans vouloir le croire ni le savoir. C'est même devenu un prisme obsédant.

Je suis à une fête. Je vois une dame, le type de femme pour qui j'ai, d'habitude, une aversion immédiate (la jalousie féminine ?). Je ne la connais pas. Elle est petite, mince. Son jean est entièrement accaparé par le souci de lui faire un « beau cul ». Elle grimpe comme un chat, sur la petite chaise. Son chemisier est d'une transparence choisie qui laisse deviner un soutien-gorge d'une sobriété ostentatoire. Elle est à genoux sur la chaise.

Elle est belle. Très belle. Mais déjà fatiguée d'un combat chaque jour inachevé. Je me dis qu'elle doit avoir mon âge. A-t-elle encore ses parents ? A-t-elle des enfants ? Où est son père ?

Elle prend son téléphone. Un selfie s'impose. Première tentative. Le cou... Deuxième tentative : le coin des yeux. Cinquième tentative : la commissure des lèvres. Douzième essai : l'ovale. Trente-quatrième essai : le regard. Cinquante-huitième essai : elle ne parvient toujours pas à retrouver la jeune fille qu'elle n'a pourtant jamais cessé d'être depuis des décennies. Elle grimace, s'agace. Elle lutte. C'est terrible.

Personne ne semble prêter attention à ce drame public dans la nuit d'une soirée amicale. Les danseurs dansent. Elle continue sans relâche ses selfies.

C'est parfaitement pathétique. Il y a quelques années, j'aurais été critique et sarcastique : je suis devenue empathique.

Je dois être pareille. Je ne fais pas de selfie mais j'essaie d'avoir une vue juste de ma vie. De conserver mon père dans le cadre tout en ne travestissant pas son image. Je ne fais pas de selfie, aussi, parce que je veux croire que j'ai grandi et n'accepte pas tout à fait d'avoir vieilli.

Moi aussi je m'échine : je tente de trouver l'angle juste, je lutte, je tente de faire le point. Je ne veux pas me voir vieillie dans l'image, ni le voir recroquevillé. Je refuse les filtres et les effets. Je lutte, je lutte et je grandis. J'en suis là ; c'est un combat.

Le poids

Mon père avait des théories, souvent bizarres, sur un peu tout. Des manières à lui de prononcer certains mots (outre les trop évidents Broglie, Schneider, Castries, il avait sa propre prononciation, soi-disant d'un purisme achevé, de Dôle ou Talleyrand). Des listes de livres à lire, de mots à connaître (anémélectroreculpédalicoupeventombrosoparacloucycle), de détails à citer (« l'unique trait de pinceau » du moine Citrouille Amère), de distinguos à retenir (codex/volumen ; ta ouk eph emin/ta eph emin) et l'absolue conviction qu'une connaissance parfaite de ce qui était inutile était vitale. Et un minimum.

Il disait aussi des choses dont je le croyais l'auteur : « Si quelqu'un t'a offensé, ne cherche pas à te venger. Assieds-toi au bord de la rivière et bientôt tu verras passer son cadavre. » J'ai appris plus tard qu'il s'agissait d'une phrase de Lao-Tseu. Ce qui m'a troublée. Si je l'avais su, j'aurais sans doute moins suivi ce précepte à la lettre, avec obstination. Je l'aurais considéré avec mépris, ce fragment de sagesse chinoise à la con.

J'aimais toutes ses lubies ou mantras dramatisés avec plus ou moins d'humour (je ne savais jamais vraiment s'il fallait les prendre au sérieux, je les répétais en tout cas et les revendiquais).

Il disait toujours, ce n'est qu'un exemple parmi d'innombrables, que les gros étaient ceux qui bouffaient la merde des autres. Ce n'était pas d'une très grande originalité, mais cela imprimait notre manière de voir et de considérer les uns ou les autres. D'une manière générale, il aimait bien ce qui structurait l'humanité, les schibboleths existentiels.

Il disait ça quand il était gros. Maintenant, il n'a peut-être plus d'avis sur la question. Ou peut-être qu'il en a changé. Il est désormais très maigre, il faut dire. Et l'on est tous dans la merde.

Troublée

Au début, je n'ai pas compris. Je me suis aperçue que ma manière d'écrire avait changé. Notamment lors de la publication de « Cartes postales » pour *Le Monde*. Tout était resserré, d'une densité de kouglof achevée. Tout se mélangeait, les aperçus, les références, dans une urgence troublante. Tout, autour de moi, me semblait hanté par la mort, par le silence, peuplé d'occurrences livresques et culturelles. Au fur et à mesure que le monde se vidait, avec une petite cuillère érudite, je tentais de le colmater. Il n'y avait pas d'humains autour de moi, tout était le récit d'une expérience solitaire.

Je ne m'en suis pas aperçue toute seule. On me l'a dit. On m'a même demandé, après lecture, si j'allais bien. J'ai compris qu'il n'y avait pas, là-dedans, que des voies littéraires empruntées, mais une forme de vision du monde étrangement héritée, comme par capillarité, de mon père dans tous ses états successifs.

J'étais en passe de bâtir un univers compatible, supportable, retranché. Changer l'ordre du monde plutôt que d'affronter l'état dans lequel il est désormais plongé.

Isolée

J'ai pris un abonnement au zoo de Vincennes (faute d'en avoir un pour l'Ehpad ?).

« Je suis allée au zoo.

– Avec qui ?

– Seule... »

J'entends l'écho cassé des cœurs qui se brisent. Malgré de multiples efforts, des tentatives répétées, dans ma vie, je n'ai jamais vraiment réussi à inspirer de la pitié. Que je porte une charge lourde, me lève à l'aube, laisse tomber mes yeux pour mieux faire ressortir des cernes de femme désolée, traîne le pied, regarde par la fenêtre, parcourant le nuancier des mélancolies possibles, je n'inspire aucune compassion. Le zoo, seule, c'était une bonne idée : elle a laissé chacun désemparé. Elle me détoure, seule, sur un fond indifférent.

Qui va seul au zoo ? Personne. Dans le parc on trouve des familles et des couples. Parfois des amis. Personne ne s'y promène seul. À part des enfants perdus, des pères qui prennent de l'avance pour fumer une clope, une mère qui fait semblant d'abandonner son enfant parce qu'il refuse de marcher. Tout le monde va par paire, ainsi que sur l'Arche de Noé.

Dans un Ehpad, on ne va pas par paire ; ce sont pourtant des mammifères.

De quoi a-t-on l'air quand on est seul au zoo ? De rien. C'est justement le problème, la limite. On ressemble un peu à un pervers. Mais quel type de pervers ? Un zoophile ? Irait-il seulement au zoo ? D'une espionne en repérage. D'une terroriste ? Ils doivent avoir pitié des bêtes, ces salauds. Non, à vrai dire, j'ai l'air d'un pervers sans perversion ni destination. Un pervers à vide.

Le vide, c'est justement ce que je voulais. D'ailleurs, j'erre. Je ne peux parler à personne. Je me tais, c'est sinistre. « D'être seul et de se taire, on voit les choses autrement qu'en société ; en même temps qu'elles gardent plus de flou elles frappent davantage l'esprit ; les pensées en deviennent plus graves, elles tendent à se déformer et toujours se teintent de mélancolie », écrivait Thomas Mann dans *Mort à Venise.*

Mélancolie : je lis un panneau sur le paresseux « en mode économie d'énergie » (température très basse, 28 à 35 degrés et métabolisme lent). Je déplore l'isolement de la girafe : ce mâle était un peu trop entreprenant avec les femelles. On sous-estime les dégâts de l'*animalspreading*. J'apprends qu'on peut lire le cul des zèbres comme un livre ou un rondin : là, on a un derrière à la Grévy, du nom du président qui se fit offrir une girafe en 1882 par un empereur éthiopien. Je m'indigne contre le système de brumisation dont jouissent les manchots, à grand renfort de phrases du type « Que dire d'une société dans laquelle les manchots sont mieux traités que les SDF ».

Mieux que mon père, aussi.

Je m'écœure à l'idée que le produit de la tonte des alpagas soit en partie refilé aux carnivores pour les fortifier (penser à venir avec des poils, la prochaine fois, histoire de les distribuer). Je suis rassurée par cette nouvelle : les animaux ont des « loges » – on imagine le miroir et ses ampoules – dans lesquelles ils peuvent avoir un peu d'intimité. Je suis attristée car on se targue de ne pas caresser les animaux : la nature n'a que faire des mains humaines bien disposées, nous dit-on. On nous rappelle qu'aucun des animaux présents n'est né dans la nature, qu'aucune bête n'a été capturée, volée, kidnappée.

Je me demande si, dans les Ehpad, ils ont de telles priorités.

Plus ça va, plus je me sens naufragée dans cet espace à la criante artificialité peuplée d'animaux qui n'ont rien demandé. Je n'ai personne à qui parler : « Ce que vous voyez, ce que vous percevez, ce dont en société vous vous seriez débarrassé en échangeant un regard, un rire, un jugement, vous occupe plus qu'il ne convient, et par le silence s'approfondit, prend de la signification, devient événement, aventure, émotion. De la solitude naît l'originalité, la beauté en ce qu'elle a d'osé, et d'étrange, le poème. » Oui, penser à apporter des poils, la prochaine fois. Pour les alpagas.

Pour mon père, je ne sais pas…

Modifications

J'ai changé, incidemment, ma manière d'enseigner. Je transmets moins. Il y a quantité de choses que j'apprenais à mes élèves que je ne leur apprends plus. Sur le moment, je suis certaine de mon fait, j'ai le sentiment de progresser en pertinence, en authenticité, de ne pas abreuver pour abreuver, de ne pas me rassurer en larguant quantité d'informations qui seront presque aussitôt oubliées.

J'ai désormais deux obsessions en classe : qu'ils retiennent ce que je leur apprends. Je fais répéter les élèves à n'en plus finir. Je les fais réviser. J'accumule les quiz. Je repose mille fois les questions. Je veux que tout le monde retienne, que personne n'oublie. Je suis devenue depuis quelques années obsédée par la mémorisation. Rien ne doit s'effacer, tout doit rester. Même si c'est moins de dates, moins de faits, je ne veux pas faire semblant.

La seconde obsession, c'est que mes élèves ne s'ennuient jamais. Dans mon cours et dans la vie. Plus tard aussi. J'ai en horreur l'idée que l'on passe à côté de sa vie. J'ai la hantise qu'on attende que ça commence, qu'on perde du temps, que ce soit un jour trop tard. Je veux leur donner un viatique pour déchiffrer la vie, pour s'en emparer, pour l'enchanter, la densifier. Qu'ils sachent donner de la profondeur à la banalité, qu'ils voient le feuilleté de l'actualité. Le temps est compté, il faut en profiter.

J'ai cru, dans un premier temps, qu'en tant que prof j'avais progressé. Que je m'étais détendue, que j'allais droit à l'essentiel, que je ne cessais de m'améliorer.

Puis, en tombant un jour sur un vieux cahier, j'ai douté. Ne suis-je pas en train de raboter, de céder à la démagogie, de renoncer ? N'est-ce pas la maladie qui me recommande d'aller à l'essentiel car tout va finir oublié ? N'est-ce pas la maladie qui me fait croire qu'il faut éviter les longs paragraphes, les pavés, qui me donne l'illusion qu'il ne va rien en rester ? N'a-t-elle pas jeté un voile désabusé sur la pertinence de mon métier ? La salle de classe, le dernier endroit où je me sentais épargnée, protégée, n'est-elle pas saturée de mes angoisses quant à la mémoire et à la culture effacée ?

La maladie du cerveau, qui ne m'a pas encore touchée, ne me pousse-t-elle pas à faire l'écervelée ?

S'arrêter

L'idée de tout arrêter s'est un jour imposée. De manière assez obsessionnelle. Peu importe que je n'aie pas une seconde l'envie ni la possibilité de « tout arrêter ». Et puis arrêter quoi ? Le temps ? La vie dégénérative ? Pour quoi ? Au nom de quoi ?

En vérité, l'idée de tout arrêter s'est un jour vraiment imposée. Mais pas à moi. À mon père. C'était une menace. Il voulait arrêter d'écrire des scénarios. Il disait : « Je vais tout arrêter pour écrire de la poésie contemporaine. » C'était toujours un peu pour rire. Mais pas tant que ça. Je le prenais au sérieux dans la mesure où il écrivait, entre autres, de la poésie contemporaine. Quand il faisait cette annonce, mon rôle c'était de hurler, de protester, de menacer. En riant, comme lui. Mais personne ne riait vraiment.

Il a tout arrêté. Mais pas pour écrire de la poésie contemporaine. Ou alors, c'est très, très contemporain (remarque de beauf). Méchamment contemporain (deuxième remarque de beauf, il n'aurait pas aimé). Sa poésie contemporaine vit sa vie. Il est vivant mais elle lui survit.

« Pourquoi aurais-je envie de la moindre postérité, du moindre sillage, puisque les êtres que j'ai le plus aimés, que j'aime le plus, n'en laisseront pas, moi ou quelques survivants passés ? Que m'importe de durer au-delà de moi-même, dans l'inconnu froid et menteur de l'Histoire, puisque le souvenir de mam. ne durera pas plus que moi et ceux qui l'ont connue et qui mourront à leur tour ? Je ne voudrais pas d'un “monument” pour moi seul », écrit Roland Barthes dans son *Journal de deuil*.

Je n'ai plus envie d'écrire. Ça me semble, en le regardant, sans tact. Illégitime. Interdit. C'est pourtant ce que je fais ici.

Lectures

La croyance intangible dans les pouvoirs de la culture se met à vaciller. Elle a persisté et pourtant disparu. Que vaut-elle dans cet océan perdu ?

« Chaque mémoire individuelle est un point de vue sur la mémoire collective », écrivait Halbwachs. L'effacement individuel de la mémoire bouscule en retour la légitimité de la mémoire collective. Cet effacement est à lui seul une sorte de contre-histoire, il contient en lui le germe de tous les manques, de tous les doutes et toutes les fragilités. Il frappe d'inéligibilité, presque de vanité, tout ce qui a été retenu et conservé.

Je lis beaucoup. Le roman que je lis, là, je ne me souviens ni du titre, ni de l'auteur, ni même de la couverture. Encore moins de la collection. J'en suis pourtant à la page 457. L'histoire est vraiment bien : une femme, la trentaine, vénéneuse, duplice, à l'âme torve ourdit des saloperies contre son mari à longueur de pages. Efficace. Malin. Subtil. Il est, de surcroît, écrit par une femme.

Jusqu'ici, à part exception, je n'avais jamais lu ce genre de livres faciles, rapides, sans prétention, sans ambition littéraire. La vie m'avait semblé trop courte pour me détourner des grandes œuvres et j'avais ainsi passé quarante ans à naviguer entre Proust, Henry James et Thomas Hardy. J'ai suivi le programme dicté par mon père. Puis, imperceptiblement, j'ai glissé. J'ai lu tous les livres de cette auteure dont j'ai oublié le nom. Je me suis lancée dans une lecture assez exhaustive des thrillers écrits par des femmes (américaines, parfois anglaises). Au bout d'un certain temps, j'ai dévoré des bouquins que je n'aurais pas imaginé lire auparavant tant ils étaient cousus de fil blanc, mal écrits, pleins de phrases grotesques et de considérations risibles. Mais enfin, je ne pouvais plus m'en détourner. Même si, en refermant le livre, j'avais exactement la même sensation, sensation bien connue en ce qui me concerne, que celle que j'éprouve après avoir dévoré, frénétiquement, de fond en comble un paquet de chamallows.

C'était donc, en général, des histoires de femme d'affaires en manque d'enfant, de jeune chômeuse alcoolique désespérée, de mère trouble, de célibataire inquiétante, c'était peuplé d'héroïnes mythomanes, pathétiques, d'épaves revêtues de jupes crayons et de stilletos. Il a fallu une cinquantaine de ces livres pour que je perçoive l'écœurement qui était le mien après l'ingestion de tant de littérature indigeste (ça avait pourtant bien commencé, le premier roman était de qualité). J'avais le sentiment de m'être vautrée dans du *binge reading* qui ne correspondait en rien à mes goûts, à ma sensibilité. J'ai mis encore plus de temps pour saisir le thème récurrent de ces livres : des femmes de 40 ans complètement timbrées racontées par des femmes de 40 ans complètement saines (ces remerciements, à la fin, pour leur mari formidable, leurs parents si attentifs, leurs copines, la précision « mère de trois enfants », installée dans le « New Brunswick », la mention du pote avocat qui a donné des conseils mais qui n'est pas responsable des erreurs, un torrent familialiste et amical façon apéro dînatoire et brunch sans alcool).

De la même manière que l'on peut être fascinée à 13 ans par une grande qui fume, couche et boit, j'ai été la lectrice petite fille subjuguée sur le pas de la porte d'histoires délétères peuplées de femmes solitaires, enfermées dans un peu tout ce qu'on peut imaginer (la famille, la maternité, l'absence de maternité, le couple, le célibat, le travail, l'obésité, la beauté, l'alcool, la perfection). Une fois que je l'ai compris, j'ai assumé la dimension pathétique de ces lectures et je m'en suis détournée.

Il y a cependant, ici, une étape que j'ai négligé de raconter. Avant de m'adonner aux récits d'hystériques patentées (dont je n'étais que la version asymptotée, que je n'ai jamais réussi à approcher), j'avais lu tous les *Wallander*, la série policière d'Henning Mankell consacrée au flic inquiet, angoissé dans une Suède qui lui échappait. Peu à peu, le héros sombre dans la maladie d'Alzheimer et perd ses repères. Il se débrouille, plutôt bien d'abord, puis mal. Le récit se finit, Wallander est sur un banc. Dans sa maison sur les hauteurs. Avec un chien, je crois. À la lecture des dernières lignes de *L'Homme inquiet*, le dernier de la série, donc, j'ai été comme tétanisée. Pendant des mois je n'ai rien pu lire. C'était Wallander ou rien, c'était l'inquiétude ou rien. Je n'arrivais plus à le quitter des yeux, lui, seul sur son banc.

Il m'a fallu l'aide de filles égarées dans des pavillons américanisés pour m'y retrouver. Il a fallu des pages et des pages de mauvaise littérature pour me rassembler. Il a fallu affronter de manière grotesque les pouvoirs de la mauvaise littérature pour la conjurer. J'ai dû déplacer le combat dans les pages pour pouvoir l'assumer. Et me débarrasser enfin de ces doubles boursouflés.

Wallander est toujours tout seul sur son banc, je ne cesse d'y penser. Mankell est mort, il l'a abandonné. Je me résous, avec bien d'autres, à le veiller sur cette page arrêtée. Après ma crise littéraire, j'ai gagné en maturité : je ne vais pas tout buter. Je vais surmonter.

Pathos

Parfois, le doute me reprend. Je me dis que ce qui me fait pleurer c'est de me mettre en position d'observer. De nous regarder, là, dans la pièce dont tous les objets sont progressivement cassés ou enlevés. Je vois la scène. C'est à peine si je ne vois pas le titre « Père et fille : intérieur triste en EHPAD » et l'indication « Prière de pleurer », c'est à peine si je n'entends pas la musique, les violons nappés ou le piano égrené en des arpèges froids. J'ai le sentiment d'avoir des larmes de spectateur, de voyeur, que je nous « vois ». Est-ce une forme de complaisance ? D'apitoiement déplacé ? De dolorisme empreint de narcissisme ? Barthes écrit qu'il a peur d'être « réduit à une émotivité ». Kundera appelle ça le kistch : « Le kitsch fait naître coup sur coup deux larmes d'émotion. La première larme dit : Comme c'est beau, des gosses courant sur une pelouse ! La deuxième larme dit : Comme c'est beau, d'être ému avec toute l'humanité à la vue de gosses courant sur une pelouse ! Seule cette deuxième larme fait que le kitsch est le kitsch. »

Je tâche de voir autrement.

Je fais un pas en arrière. Je le regarde, lui. Je le vois. Ça a l'air d'aller. Rien dans ses mots ni dans son expression ne trahit une quelconque forme de tristesse. Puis-je désormais considérer que ce n'est pas triste, puisque c'est lui qui compte ? Et si son monde était le monde ?

Je sens la fausseté de mes tentatives pour neutraliser. On ne peut renoncer au cadre, aux codes : ce n'est pas une autre forme de vie, c'est un terrible gâchis. Ce n'est pas un mode d'existence, c'est une errance. Ce n'est pas une appréhension différente, c'est une perte. Ce n'est pas une option, c'est une désolation. C'est triste. Monstrueusement triste. Cette tristesse, il faut bien que quelqu'un, sur le moment, la ressente, la voie, la dise, la pleure, à moins de perdre tout contact avec le monde. Ce contact, c'est moi qui l'assure. Et je me retrouve encore là.

Je pleure parce que je n'ai pas le choix.

La réalité virtuelle

Je tombe sur une vidéo consacrée aux travaux d'un Japonais qui grâce à la réalité virtuelle propose de ressentir les symptômes procurés par la maladie d'Alzheimer. Idée à la con, il faut fuir à toutes jambes. Mais il suffit de cliquer. J'appréhende. Je me fais un devoir moral de regarder. La bonne question, celle qui revient sans cesse, est la suivante : est-il nécessaire de se faire du mal ? Jusqu'où doit aller l'empathie, la connaissance intime des maux endurés ? Doit-on douiller pour aider ? Est-ce une forme de solidarité ? Doit-on imaginer dans quel monde la maladie projette les malades ? Je ne parviens pas à me débarrasser de ces interrogations.

Je clique. L'expérience est terrible. À vous broyer le cœur. C'est vertigineux et c'est exactement ça : le malade voit des dénivellations immenses, par exemple, entre un tapis et un parquet. Parfois, mon père s'arrête, comme au bord de l'abîme, à cause d'une modification dans la texture d'un sol. Les dimensions, les champs de vision, les espaces ne sont plus les mêmes, un cauchemar.

J'hésite désormais, après cette expérience virtuelle, entre me recoucher, me préparer un mojito à 10 heures du matin ou bouffer des lardons crus.

Indifférent

Mon père s'en fout. Des attentats, des guerres, des problèmes économiques, du financement de l'Ehpad, de nos problèmes. Même des siens.

Le jour où je suis tombée, chez lui, sur un numéro de *Libé*, en fin de journée, même pas déplié, j'ai su que quelque chose d'important avait changé. Depuis toujours, il lisait le journal matin et soir. C'était même recommandé si l'on voulait, du moins, faire partie de l'humanité.

« En face du monde, l'indifférent n'est ni ignorant ni hostile. Ton propos n'est pas de redécouvrir les saines joies de l'analphabétisme, mais lisant, de n'accorder aucun privilège à tes lectures. Ton propos n'est pas d'aller tout nu, mais d'être vêtu sans que cela implique nécessairement recherche ou abandon. Ton propos n'est pas de te laisser mourir de faim, mais seulement de te nourrir [...] Ton habillement, ta nourriture, tes lectures ne parleront plus à ta place. Tu ne leur confieras pas l'épuisante, l'impossible tâche de te représenter », écrivait Perec dans *Un homme qui dort*.

Pourquoi m'épuiser, moi, à me représenter ce qu'il éprouve ? Mes lectures, mes habits, mon manque de sommeil ne sont que des simulacres, un travestissement de ce qu'il ressent. C'est une mise en scène sincère mais doloriste d'un état auquel je n'accède pas. C'est une manière de parler à sa place. Je me fais ignorante ou hostile, parfois les deux et c'est ne rien comprendre à son état.

Il paraît qu'il ne se sait pas malade. Il l'a su, il ne le sait plus. On appelle ça l'anosognosie. Peut-être est-ce une légende urbaine destinée à apaiser les familles comme les phrases que l'on prononce pour rassurer : « Il est mort sur le coup, il n'a pas souffert. »

La bonne distance

« Il n'y a qu'un point indivisible, qui soit le véritable lieu de voir les tableaux. Les autres sont trop près, trop loin, trop hauts, trop bas. La perspective l'assigne dans l'art de la peinture. Mais dans la vérité et dans la morale qui l'assignera ? »

Blaise Pascal, *Pensées*

Que va-t-il rester ?

Je prépare, comme chaque soir, le petit déjeuner du lendemain. Le matin, je veille à la température de l'eau. Si elle est trop chaude, ils pourraient prendre du retard et arriver à la dernière minute en classe. Je sais qui veut du pain grillé, du pain non grillé, du Nutella. Le miel est là. Les sachets de thé, différents, sont présentés. Il y a une petite assiette pour les poser.

Mes enfants me répètent que ça les rend tristes, on dirait que, ce faisant, je n'ai pas de vie. Peut-être... Mon père préparait aussi mon petit déjeuner. Alors je continue.

J'imagine mes obsèques (l'un de mes loisirs préférés), un jour, peut-être, et les oraisons funèbres qui me réduiront alors à trois expressions, deux gestes, une blague et trois manies : « Elle avait, certes, son caractère mais elle n'a jamais manqué à la préparation de notre petit déjeuner. »

Que va-t-il rester ?

Maintenant ou jamais

Je me raisonne. C'est bien beau de s'isoler, de se retrancher, de se consacrer à la maladie, à ses effets, à ce qu'elle apprend ou retire, mais, pour le reste, l'essentiel aussi, c'est maintenant ou jamais. Il faut sortir de cette solitude obsidionale, il faut cesser de cliver. Je dois trouver les liens, les continuités entre le présent et le passé, penser à l'avenir, me libérer, m'émanciper. Il faut maintenant tout rassembler et cesser de me concevoir comme le satellite d'un père terrassé.

Comme tous les animaux raisonnables

Dans le film *La Vie de famille* de Jacques Doillon, une scène a été coupée au montage. Le scénario, je le rappelle, a été coécrit par mon père. Le personnage principal est joué par Sami Frey. Il incarne mon père dans le film mais il ressemble très peu au mien. Je ressemble beaucoup, en revanche, à la petite fille.

« Ils regardent un meeting d'athlétisme.

Le père : « En fait, ils fuient comme tous les animaux raisonnables. Et c'est pour ça qu'ils vont si vite. Regarde, si on voit la course comme ça c'est complètement différent. »

La fille : « Il y en a qui ont l'air d'avoir plus peur que d'autres. »

Le père : « Moi par exemple ! Mais j'ai tellement peur qu'il n'y a plus personne derrière moi. [Il prend un ton solennel]. Ma vie est une échappée solitaire. »

La fille : « Et moi, je suis où dans la course ? »

Le père : « Mettons que tu tiens le chrono, ça te va ? Être un autre, c'est un métier difficile. Il faut être à la bonne distance ; un mètre, vingt centimètres ; un millimètre, question de tact. »

Je me souviens d'avoir joué cette scène sans comprendre un mot de ce qui s'y disait. Je me souviens que le contenu me troublait. Je me souviens de la chambre, de la télé, de Sami Frey, des gestes avec les doigts évoquant la distance. Je me souviens du rebord du lit. Je me souviens, c'étaient les premiers jours du tournage, que je n'aimais pas être actrice, que je n'aimais pas « jouer », que je n'aimais pas simuler, faire des choses pour de faux, que je n'aimais pas mimer des sentiments.

À la fin de mon exemplaire du scénario, à la main, mon père a écrit ces mots « La bonne distance, la distance exacte, une bonne distance. » Je viens de retomber sur ces inscriptions. L'écriture est nette, jolie, l'encre est noire. C'est l'écriture d'un temps où il ne savait pas qu'il serait malade un jour. On avait tout le temps pour trouver la bonne distance. C'était fondamental, mais ce n'était pas une urgence.

Cette scène coupée, je la rejoue aujourd'hui en permanence. Quelle est la bonne distance ? Avec lui, entre nous, entre lui et sa maladie. Avec les autres aussi. Qui fuit, qui est derrière lui ? Quel est le ton juste pour lui parler ? Pour en parler et pour écrire ? Quel est le point indivisible pour parler de lui ?

Et qui tient le chrono désormais ? Pour combien de temps ? N'est-il pas trop tard ?

Infantilisme

Ma mère raconte à quelqu'un que j'ai beaucoup pleuré. « Mais elle a quel âge ? »

45 ans. Quand même…

Ne suis-je pas un peu vieille pour pleurer ? Pour donner l'impression d'avoir réglé si peu de choses ?

Je ne rends pas justice à mon grand âge. Je l'ai dit : j'ai un mari, des enfants. Depuis longtemps. Je suis fonctionnaire. Je travaille. Je gagne ma vie. J'ai écrit dix livres. Je sais préparer deux ou trois plats comestibles. Je suis depuis longtemps indépendante, autonome. Je n'étais pas, depuis des années, collée à mon père comme j'ai pu l'être enfant ou adolescente. Je vivais ma vie.

La maladie, a dénudé des centaines de liens invisibles, personne ne les voyait plus. Ils se sont tendus, certains se sont cassés, d'autres ont été mis à nu. Et là, j'ai fait ce que j'ai pu. Et pas forcément ce qu'il aurait attendu.

Le nommer

Je l'ai appelé François. Papa, un peu moins. Commandant JF, à l'occasion. Quand je l'appelle comme ça, il ne se retourne pas.

J'essaie encore une fois : « Papa ? » Rien. « François ? » Rien. « Papa ? » Toujours rien. « Jean-François ? » Il continue à avancer mais je vois qu'il m'a écoutée, qu'il sait que c'est à lui que je m'adressais. « Monsieur Goyet. » Il accélère le pas, carrément énervé. Monsieur Goyet, c'est quoi cette manière plouc, protocolaire ou empêtrée de l'appeler ? Monsieur Goyet, ça lui est clairement déplaisant. Je tente, à la manière de mes enfants, un « Grand pa ». Rien. Je retente un « Jean-François » qui ne me vient pas (c'est pourtant son prénom). Je vais me contenter d'un « Papa ». Peu importe s'il ne se retourne pas. C'est comme ça.

Me nommer

Mes parents m'ont appelée « Mara ». Il n'y a qu'une seule vraie explication : c'était le prénom de ma grand-tante, exterminée par les nazis en 1941 en Ukraine. Mon père, lui, en bon démiurge domestique, s'amusait à faire varier les filiations et les explications. À ne pas laisser la part belle à la famille adverse.

Les jours catholiques, « Mara » venait de *L'Annonce faite à Marie* de Claudel. Les jours oulipiens, c'était Queneau et Sally Mara. Les jours provocateurs, c'était Henry Miller et *Sexus*.

Peu importe, comme lui, moi non plus, si je veux, je ne me retourne plus : Mara, désormais, c'est moi. Je n'ai plus besoin de l'autorisation de mon « papa ». Oui, celui qui ne se retourne pas.

Lettre au père

Je me souviens d'une conversation dans son bureau. Je devais avoir 16 ans. Il me parlait de deux livres vengeurs : *Mes parents* d'Hervé Guibert et

La Lettre au père de Kafka. Je les avais lus. J'avais évidemment été très choquée par l'immense violence, ainsi que par les passages les plus crus, de celui de Guibert, par le blasphème que cela supposait à mes yeux. Et fascinée par la force du texte de Kafka, par sa manière de décrire ce sentiment, celui d'avoir été frappé de nullité par son père.

J'essaie de me souvenir avec précision de cette conversation. Je le sais, j'ai trop tendance, maintenant, à penser qu'il cherchait à me dire quelque chose, je vois dans chaque fait un petit caillou qui mène à nous, aujourd'hui.

Au moment où j'écris sur lui, je suis tentée de relire ces deux œuvres. Mais je sens que c'est inutile. En me parlant de ces textes, mon père ne s'est pas constitué prisonnier, il n'a pas voulu me livrer des voies littéraires de révolte et d'émancipation. Je ne suis pas son fils (même si je crois qu'il l'aurait parfois un peu souhaité). C'est de lui, et de son père, qu'il parlait. De ce qu'il ne ferait jamais.

Et moi, suis-je tentée ? Est-ce sa vulnérabilité qui me retient ? Un soupçon de décence ?

Parfois, pour tâcher d'atténuer la souffrance, quand elle est trop vive, je pense à tout ce que je pourrais lui reprocher, à tous ces mauvais moments que nous avons pu, parfois, depuis ma naissance traverser, je songe à des paroles méchantes, à des injustices d'enfance, à des déceptions, à des manques. Rien n'y fait, tout est pardonné. Ou peut-être juste enterré, avec des matériaux aussi explosifs, on ne sait jamais.

J'ai beau y penser, je crois que je lui ai tout dit, je n'ai rien à ajouter. J'écris en paix. C'est peut-être le signe le plus évident que je n'ai plus peur. De lui, notamment. Non parce qu'il ne peut plus répondre, mais parce qu'il n'y a rien à répondre : c'est moi qui parle, en mon nom. Après, il peut y avoir d'autres versions. Pas une seconde je ne pense profiter d'une « situation ».

Pour de vrai

Au départ, je n'ai pas voulu écrire ce livre, j'ai même prétendu que ce serait la dernière chose que je ferais de ma vie. J'avais peur de lui, de mon père. J'avais le sentiment qu'il me l'aurait interdit.

Parfois, j'ai des vertiges. Je prends conscience de ce dont il s'agit : sa vraie vie. Ce n'est pas un roman, il n'est pas un personnage : il s'agit de lui, Jean-François Goyet, né à Lille en 1950. La matière du livre dans laquelle je me faufile me semble par moments terriblement brûlante. Parfois je l'oublie, je me laisse aller. J'ai peur du sacrilège, de l'agression. Le père dont il est question, c'est le mien. Ai-je le droit ? Lui qui est déjà si dépossédé, n'est-ce pas le dépouiller encore une fois ?

J'écris et le soir l'angoisse monte, la peur de l'illégitimité me transperce, le sentiment d'avoir fait quelque chose d'interdit me ronge. J'ouvre le fichier, je relis : oui, tout va bien, celui dont je parle, c'est lui, je ne me suis pas laissée « emporter » par le clavier et des idées détachées de tout rapport avec la réalité.

Jour après jour, plus j'avance, plus je me rapproche de lui. Mais, comme je l'ai dit, plus j'écris, moins je le vois, lui. Je passe plus de temps derrière mon ordinateur qu'à l'Ehpad, ça me semble presque scandaleux.

La bonne distance…

Fier

Enfant, je passais mon temps à demander à mon père s'il était fier de moi. Il me répondait invariablement la même chose : « Non, je ne suis pas fier. Je suis fier de ce que je fais. Ce que tu fais, c'est toi qui peux en être fière, pas moi, puisque je n'en suis pas l'auteur. » Il aurait été plus simple de répondre « oui », son raisonnement était un peu obtus et participait de sa conviction qu'il ne fallait pas corrompre ses enfants à force de flatteries. Je ne la partage pas.

Étrangement, j'ai l'impression d'écrire mon premier livre ici. Il a lu les huit premiers. L'avant-dernier avait une couverture en relief. Il l'a beaucoup touché et déplacé. Celui-ci, il ne le lira pas. Et même si je le lui donne, il n'en fera aucun cas.

J'ai expliqué que j'avais parfois la tentation d'écrire pour lui, ce qu'il aurait écrit, à sa place. Peut-être ai-je toujours eu cette tentation. Mes livres ont toujours été parsemés de références qui lui envoyaient des signes, des clins d'œil. J'ai toujours écrit en me demandant ce qu'il en penserait, j'ai toujours écrit en contrebande, un peu courbée, cherchant à ramper sous les scuds de la légitimité, de l'autorité, de l'infériorité filiale revendiquée et du fait que l'écriture était son métier.

Là, je me tiens droite. J'ai repris la main sans avoir l'impression de reprendre l'entreprise familiale.

Confidences sur l'oreiller

Quand j'avais 5 ans, je m'étais prise d'affection pour l'oreiller de mon père. Il était rectangulaire et sentait vraiment très bon. Un jour, il me l'a donné, j'avais beaucoup insisté. Pendant des années, je l'ai conservé.

Cet oreiller avait quelque chose de magique. Malgré les lavages des taies, malgré les années, non seulement il sentait toujours l'odeur de mon père, mais il avait une odeur meilleure au fil du temps.

Y pensant, je pris un jour conscience que ce n'était pas son odeur que j'aimais, mais la mienne. J'en ai alors conçu une honte immense. Était-il possible d'aimer ce que l'on produisait soi-même, ce qui venait de soi ? Était-il possible de dépasser mon père dans un tel domaine ? Ou dans d'autres ? Était-il possible que j'aie mon odeur, mon oreiller et que ce soit bien ? Était-il possible que je lui doive de moins en moins ?

Mon père aimait beaucoup cette phrase à double sens écrite par un poète (je ne sais pas lequel) : « Commentaire que j'étouffais : comment taire que j'ai tout fait. » On y est.

En partant de chez mes parents, j'ai laissé l'oreiller chez eux. Il était très vieux et perdait ses plumes. Depuis, j'ai mon propre oreiller. Il est ce qu'il est, mais il a toujours le format de celui que je piquai autrefois : rectangulaire. Il ressemble à un livre. (Comment taire que j'ai tout fait ?)

Depuis, aussi, j'ai lu l'histoire d'un homme qui a étouffé sa femme atteinte de la maladie d'Alzheimer avec un oreiller. Était-il rectangulaire ? C'était pour « abréger ses souffrances ». Les siennes ou celles de sa femme malade ? (Commentaire que j'étouffais.)

Nous

C'est encore une fois un test idiot. Les dix choses qui prouvent que votre couple est solide. Mon score est honorable mais pas parfait. J'aurais aimé avoir dix sur dix. On le méritait. Ce fut neuf. Il y a une question sur laquelle j'achoppe : la capacité à se penser comme un « nous ».

C'est encore une fois un test idiot, mais la question me tracasse. Pourquoi est-ce que je n'y arrive pas ? Mon mari et moi avons pourtant un bail, des affaires, des enfants admirablement recomposés, des emmerdes, des problèmes de fric, des joies, du bonheur, une famille, de l'amour, des assiettes, des tasses, des livres (les livres, c'est si difficile à mélanger), des habitudes, des souvenirs en commun.

Le test est idiot, mais la réponse manquante me taraude. Je me rassure en me disant que c'est mon côté femme émancipée, libre, qui me fait préférer le « je » au « nous ». Nous ne sommes pas une centrale conjugale ni parentale, nous sommes l'un et l'autre avec l'autre.

Il continue de me préoccuper, ce test idiot. Le coup de l'individualité me semble mal assuré. Je me dis : «Tu t'appelles Mara Goyet, jamais tu n'as changé. » C'est aussi le patronyme de mon père que j'ai toute ma vie préservé. Qui empêche ce nous ? Mon père ? Quand même pas, je n'en suis pas là (j'ai pourtant découvert qu'il existe un « prix Œdipe » des libraires). La maladie ? Plus plausible. Je n'arrive pas à construire, même si je le fais malgré tout, et bien. Très bien même. Mais je me sens lestée par une sorte de fidélité au mouvement de déconstruction entamé par mon père. On dit « refaire sa vie » (ça s'appelle divorcer puis se remarier). Je l'ai fait. Mais je n'ai pas vraiment « refait » : je suis retenue par la chute de mon père. Au même moment, il est tombé malade. Je n'arrive pas à concilier les deux mouvements, j'ai un conflit de loyauté.

The reconstruction will begin

J'écoute une chanson du groupe Eels sortie au printemps. Toutes les chansons de ce printemps ne me semblent parler que de ce qui me préoccupe. C'est souvent le propre des chansons, des chansons du printemps, des chansons en général : « *The deconstruction has begun/Time for me to fall apart* ». La chanson se poursuit : « *The reconstruction will begin/Only when there's nothing left/But little pieces on the floor/They're made of what/I was Before I had to break it down* ».

Pour m'exprimer en français, plus prosaïquement, j'attends de toucher le fond pour « donner un bon coup de talon » (le champ de mes citations subit ici une certaine détérioration). J'attends que tout soit en pièces pour refaire le puzzle.

Est-ce la bonne solution ? Évidemment non. Je dois tout mener de front. Mais je ne trouve pas la solution. Peut-être dans une autre chanson ?

« Nuit tu me fais peur, Nuit tu n'en finis pas, Comme un voleur, Il est parti sans moi, Papa je suis sûre qu'un jour tu reviendras. » C'est une chanson d'Elsa. Elle avait 13 ans quand elle la chantait en 1986. J'avais le même âge qu'elle et je trouvais ces paroles complètement consternantes. Trente ans après, ai-je dit autre chose ?

Droits de succession

J'ai très peu parlé de mes enfants. J'ai d'abord cru que c'était par pudeur, par refus d'étaler cette partie-là de ma vie.

Ce n'est pas tout à fait vrai. J'ai voulu les épargner. Mais pas seulement : je les ai coupés de mon père. Je les ai ainsi protégés, mais aussi déliés d'une continuité que j'aurais voulu assurer. Au contraire, je l'ai récusée. Je les ai en quelque sorte déshérités. S'ils n'assistent pas aux faits (l'Ehpad, les visites, les détails), ils subissent les effets : mon angoisse, mon humeur, ma solitude, mon incapacité à tenir une conversation longue, mon indisponibilité. Je suis souvent là sans l'être.

Un matin, ma fille m'accompagne voir mon père. C'est dur, beaucoup trop dur. Non seulement ce qu'elle voit, mais aussi ce qu'elle croit voir : elle et moi plus tard.

Mon fils, lui, ne veut plus y aller. C'est entendu. Je lui raconte que mon père a parlé de lui. Ce qui le plonge dans une immense mélancolie. Un jour, je découvre, au détour d'une phrase, qu'il croit, comme moi, que je vais avoir la maladie. Ce n'est pas une appréhension, c'est une certitude. Cette idée, c'est moi qui l'ai installée. Me croyant légère et distancée, j'ai fait mille plaisanteries à ce sujet, pour les préparer. Quand ce sera mon tour…

Pensant me sauver, m'immuniser, considérant que blaguer c'était conjurer, j'ai créé une chape d'angoisse. Je leur ai refilé le « bébé ». Tout en étant convaincue de les protéger, de les épargner.

J'ai refusé de les associer mais je les ai contaminés. Je leur ai transmis quelque chose d'autant plus indéterminé qu'ils ne voient pas la source de mon chagrin. Je ne leur raconte même plus de souvenirs du passé, je ne fais plus de panégyrique enflammé de mon père comme je le faisais : je suis tout entière accaparée par ce qui est en train de se passer.

Néanmoins, je sais que tout n'est pas joué. J'ai préparé leurs petits déjeuners. Je sais la solidité et la force de nos liens. On s'en remettra. Pour l'instant, ils vont bien (et peut-être sont-ils soulagés, à leur âge, d'avoir une mère préoccupée ; et donc, occupée. Ce qui laisse, aussi, un peu de liberté).

La transmission

Ma fille arrive avec le Budé de Catulle. Il y a deux vers obscènes qui la font hurler de rire. Elle vient me voir avec enthousiasme et complicité. C'est, à travers moi, à mon père qu'elle s'adresse.

Mon fils sait qu'il devra, après le latin, faire du grec en troisième. C'est à moi qu'il le dit, c'est à mon père qu'il obéit.

Ma fille regarde la série *Riverdale*. Mon père prend du Risperdal. Coïncidence ? Je ne pense pas.

Mon fils revient de Venise. Il n'a pas rapporté de souvenirs mais deux coquillages ramassés sur la plage du Lido. Mon père a aussi rapporté tous les cailloux du monde.

Mes enfants mettent leurs coudes sur la table : ils font ça pour emmerder mon père mais ils ne le savent pas.

Ma fille entre en Khâgne. Elle est désormais dans la même classe que ses grands-parents qui ne l'ont jamais tout à fait quittée : khâgneux un jour, khâgneux toujours.

Mon beau-fils cherche sans cesse l'étymologie des mots dans le *Robert historique* de la langue française. Il le pose sur la table où nous dînons. Ainsi mon père le faisait-il autrefois.

Ma fille cite tout le temps *La Bête dans la jungle*. Mon père n'a pas eu besoin de lui dire de lire Henry James, elle l'a su d'instinct. Avec mon aide.

La perte

Dans la cave voûtée, il y avait tout ce que j'aimais. Quelques affaires d'enfants, les miennes et des miens, mon courrier, des petits objets. Mais ce n'est pas ça qui m'a le plus touchée. Ce sont les mots que me laissait mon père, ceux de la « Petite souris ». J'aimais ces lettres au-delà de tout. J'ai toujours eu le sentiment qu'elles incarnaient les liens que nous entretenions mon père et moi dans leur tendresse, leur exigence, leur beauté et leur inventivité.

Un voisin a décidé que cette cave était collective. Il a pris mes affaires, les a remontées et jetées dans la rue, sous la pluie. La plupart ont disparu. À la place, dans la cave, il a mis ses affaires. Il avait tort, cette cave était bien à moi. Je n'ai pas compris comment il avait pu, en toute bonne conscience, en toute impunité aussi, faire une chose pareille. Liquider mes souvenirs, les jeter dans le caniveau. Ce n'était même pas par vengeance ou perfidie : simplement de la muflerie, de la grossièreté et de la brutalité sommaire.

Mes lettres de la Petite Souris, ce n'était pas possible. J'ai ressenti alors des accès de violence assez inédits. J'ai eu envie de crever les pneus de son camion, de taguer sa porte, d'envoyer des lettres de menaces à sa famille. Dans ce chef-d'œuvre pour cinéphiles (non avertis) qu'est *John Wick*, le héros, incarné par Keanu Reeves, massacre au moins 214 personnes parce qu'on a tué son chiot. Qui lui avait été offert pas sa défunte femme. Eh bien, j'ai été dans un état similaire. Mes lettres de la Petite Souris, il ne fallait pas y toucher. Je suis allée au commissariat, cela n'a rien donné.

J'ai été pendant quelques semaines accablée, révoltée : la maladie de mon père rendait la perte encore plus cruelle.

Je me suis un jour réveillée et je me suis soudain sentie délestée. À un point inimaginable. J'ai été guérie de l'accumulation des souvenirs, des objets, des regrets, des lettres. Je n'ai plus eu de souvenirs comme si j'avais mille ans, plus de couvercle bas et lourd, plus de quittances (ni de fiches de paie), de rubans.

J'ai eu envie de mourir légère comme on sort couvert. Tout ce qui m'est cher doit tenir dans deux tiroirs et seuls ceux que j'aime comptent.

Mon voisin était peut-être un connard. Mais un connard utile. Existentiellement pertinent.

Mur

Pour des raisons dignes des pires comédies du remariage, les affaires de ma grand-mère, qui m'étaient si chères, me sont, pour partie, inaccessibles. Je les connais toutes. Je connais leur texture, leur couleur, leur poids, leur allure. Bien que je ne les aie pas vues depuis longtemps. Chaque assiette, Tupperware, salière, vase, pot à miel, dessous de bouteille, bol, tasse, porte-couteau, dessous-de-plat, couverts. La table, avec ma grand-mère, c'était un ordonnancement, un rituel, jamais modifié, toujours respecté. Comme nos places qui obéissaient à un protocole choisi. Avec ma grand-mère, je jouais à la fille sage d'une longue lignée. Je m'inscrivais, à moitié convaincue, dans un monde pour lequel j'avais un amour distancié mais d'une totale sincérité.

Ma grand-mère s'est quittée elle-même. Puis nous a quittés. Il restait les objets de la domesticité que j'ai tant aimés. Je ne les reverrai jamais.

Ce que je ne supporte pas, c'est que le passé soit ainsi confisqué. Peut-être parce que je ne peux pas, ainsi, m'en consoler ni m'en débarrasser. Je reste bloquée. J'ai l'impression que mon lien est gelé, je ne peux avancer.

Nouveau départ

Mon fils explique qu'il aime les chambres d'hôtel car s'y installer permet d'inventer une nouvelle civilisation. On peut tout reprendre à zéro. La manière de se coucher, de se laver, de boire dans le verre à dents. On peut ranger de manière inédite ses vêtements dans les placards. Se servir d'un bureau dont on ne se sert jamais ordinairement. On peut regarder la télé, ce que l'on ne fait jamais. Chaque émission devient alors inaugurale, comme une fenêtre nouvelle sur des mondes ignorés (*customiser* sa valise, apprendre à s'habiller en fonction de sa morphologie, retaper sa maison pour la vendre, suivre la vie d'un pingouin, préparer un vol-au-vent...). On peut décider d'être lève-tôt ou couche-tard. On peut ranger ses chaussures et vider son sac. Jouer avec les volets. Utiliser les produits, les télécommandes, les « rangements », chaque interrupteur. On peut aussi inventer des lois, des codes et des traditions. De nouvelles habitudes.

Mon père n'est pas à l'hôtel. On lui avait installé une chambre qui lui ressemble. Qui lui ressemblait, avant, en fait. Il en a désormais fait quelque chose qui lui ressemble vraiment : les affiches sont déchirées, les objets escamotés, les plantes renversées et les cadres désaxés. Le lieu est représentatif de ce qu'il est.

Si sa chambre s'est libérée, c'est sans doute que le résident qui l'occupait est mort. Il est à la place du mort. Une famille, quelque part, attend que sa chambre, un jour, se libère. Les fantômes font la chenille, c'est une danse macabre.

À l'hôtel, il n'y a pas de mémoire ni de fantômes. On ne pense ni à ceux qui nous ont précédés ni à ceux qui vont suivre. On a une vie suspendue.

En réalité, il y a de la mémoire. De formes. Celle du matelas. C'est indiqué. Il change au gré de vos courbes, de vos dispositions et de vos positions. Il vous épouse et vous suit. Certes, aussitôt, il oublie mais enfin, rien ne le certifie. Peut-être même qu'il serait capable de faire des récits...

De l'euphorie d'une nouvelle vie, avec la mémoire de forme, on passe à la dystopie.

Plongée dans l'oubli de mon père, cela me laisse entrevoir un monde sans souvenirs ni mémoire, je vois ma propre existence se dissiper à ses yeux et ce n'est pas le plus douloureux. Je vois aussi la possibilité de se délester pour se libérer. De grandir en somme, de traverser le miroir puis de ressortir, adulte, du terrier. Où partir ? Que faut-il quitter ? Que dois-je garder ?

Dernière sauvegarde

Je fais à mon père la litanie des humains de sa vie : personnages et parents. Il a toujours aimé les listes. Je n'ai pas le sentiment de l'ennuyer. Pour aucun nom il ne réagit. Tout ou presque a sombré dans l'oubli. Il est en vie, seulement maintenu au monde par les liens d'aujourd'hui. C'est une existence à sec, à l'arête, à l'entame. Sans racines, ou presque : il reste des habitudes, des mines et des réflexes. Parfois un prénom. Un vocabulaire choisi et renouvelé. Une prosodie posée et délicate.

La lignée s'est comme cassée. Suis-je obligée de réparer ? Serait-ce le moment d'en profiter ?

De fait, je n'en ai jamais vraiment eu quelque chose à faire de mes racines, de mes origines. De mes ancêtres je ne retiens que les éléments qui me font rire ou peur (des faits divers, des adultères, des morts tragiques, des phrases, des péripéties). Ou, du côté maternel, ce qui m'oblige : l'extermination.

J'ai assisté au recul successif de la mémoire de ma grand-mère, puis de celle de mon père, qui, comme lors de grandes marées, se sont éloignées très loin et sont revenues très fort. J'ai alors, pour ne pas perdre pied, la tentation de rétablir, comme on le ferait avec un ordinateur en détresse, contaminé, les choses là où elles en étaient, dernière sauvegarde du passé familial.

Je n'ai pas le goût des arbres généalogiques qui me semblent une accumulation confuse de gens dont je me fous, qui m'ignorent et auxquels je suis pourtant liée. Mais j'aime bien les cartes et les atlas.

Sur la carte, le long de l'autoroute A6, il y a plusieurs possibilités pour sortir et atterrir dans le « berceau de la famille ». À droite, le Morvan. À gauche, l'Ain. Enfin, ce sont des berceaux parmi d'autres. Je ne sais jamais lequel est le vrai et s'il est même possible qu'il y en ait un, de vrai. Un berceau véridique. Je suis en butte à l'éternel problème du Parisien qui regrette de ne pas avoir son coin, ses spécialités, ses parents qui l'attendent quelque part. Qui se sent tout. Et rien. C'est un truc de racines et de souche, un truc auquel je ne crois pas. Qui m'emmerde. Mais enfin, dire « chez moi », ça ne se néglige pas. Et puis maintenant que tout s'en va, je voudrais revenir avant que ça ne commence. Pour avancer.

J'irais bien jeter un œil. Juste histoire d'être déçue. De ne rien sentir. Le village ne me fera rien. Pis, il me fera douter, me demander ce que j'ai à voir avec ces rues, cette ambiance (la sociabilité d'antan est alors complètement fantasmée, on imagine des gens causant sur leur pas-de-porte jusqu'à pas d'heure des jeudis de novembre ou s'invitant pour des flambées mémorables au milieu de vaches calorifères), ce ciel et ce sol. Il y aura bien le cimetière, l'occasion de trouver des gens qui auront le même patronyme que moi. Mieux encore, des êtres sans qui je ne serais pas là.

Et me voici, devant eux, avec ma dette, ma tête, le sentiment vague d'une forme de reconnaissance. C'est l'occasion de se demander en quoi l'on a trahi ou accompli. Non, je ne vais pas y aller…

Je n'ai pas encore trouvé mon berceau. Mon origine simplifiée. Peut-être est-ce parce qu'il est vraiment temps de le quitter ? Rien ne m'empêche en plus de m'en inventer. C'est d'ailleurs ce que je fais.

Mon père a tout oublié, mon père s'efface et je cherche ses traces ainsi que celles qui l'ont précédé. Comme les laisses de mer sur le rivage, une fois que le flot s'en est allé. Je ne sais plus que faire de ces générations accumulées, si je dois, filialement, les conserver, les transmettre comme mon père l'a, à sa manière bien particulière, toujours fait. Ou alors m'en séparer et décider que la maladie même en a montré l'inanité, la vacuité. Le problème du passé reste entier et je me vois forcée d'improviser.

L'autoroute A6 continue son chemin. J'ai laissé passer les deux berceaux. J'en ai un ou deux, plus loin (mais pourquoi ne sont-ils jamais dans des coins bien !). Je pourrais me laisser tenter. Mais là, j'ai envie de m'arrêter dans un lieu où je voudrais m'enraciner : la station-service et ses bienfaits. Elle accueille les naufragés.

Naufragés

Mon père aimait les bateaux, les îles et les aventuriers. Il aimait les naufrages : *Le Batavia*, *La Boussole* et *L'Astrolabe*, *La Méduse*, *Le Titanic*. Il aimait aussi les naufragés. Ainsi que tout ce que la mer rejetait (les bouts de vaisselle dépolis, les tessons arrondis) ou déposait (un galet bicolore, avec un trou, trilobé, etc.). Il les gardait et les exposait sur les étagères de la bibliothèque.

Le naufrage, on y est. Je tente d'écoper, mais il est maintenant temps de ramasser les scories de sa vie, ce qui reste encore, délavé par son cerveau chaviré. Et peut-être d'assurer ma survie.

À l'origine

Je relis pour la millième fois *Espèces d'espaces* de Perec :

« J'aimerais qu'il existe des lieux stables, immobiles, intangibles, intouchés et presque intouchables, immuables, enracinés ; des lieux qui seraient des références, des points de départ, des sources :

Mon pays natal, le berceau de ma famille, la maison où je serais né, l'arbre que j'aurais vu grandir (que mon père aurait planté le jour de ma naissance), le grenier de mon enfance empli de souvenirs intacts... »

Mes parents habitent toujours là où je suis née. Enfin, ma mère habite toujours là. Il y a l'arbre qui a grandi, les souvenirs, les jouets. Il y a, dans la rue, des Bains-Douches (des vrais, pour se laver). C'est un lieu antique du 15e arrondissement, il a fait l'objet d'un concours et va être transformé en espace de « coworking » et de « colocation » avec des prolongements végétalisés. Mon pays natal devient branché. Je passe souvent devant sans même les regarder.

Avec cette histoire de concours, je suis intriguée.

Je regarde les Bains-Douches, en « *streetview* » sur Google Maps. Je les vois différemment, comme un monument. Ce n'est plus le bâtiment que j'ai toujours vu en passant. Sur l'image, il y a aussi la rue, un petit bout du quartier de mon enfance.

Sur la photo, j'aperçois soudain la voiture de mon père. Ce sont les pétrifiantes coïncidences de Google Maps. Mon père ne conduit plus depuis près de dix ans, c'est ma mère qui a garé la voiture sur la place réservée aux handicapés. Quelle triste puissance Scénic : c'est le souvenir de nos moments compacts et familiaux qui se présente ainsi à la vue des badauds numériques.

L'auto, comme disait mon père, résume sur la photo de manière déchirante un moment fixé, sans doute pas pour l'éternité, dans une histoire qui compte des dizaines et des dizaines d'années.

« Mes espaces sont fragiles : le temps va les user, va les détruire : rien ne ressemblera plus à ce qui était, mes souvenirs me trahiront, l'oubli s'infiltrera dans ma mémoire, je regarderai sans les reconnaître quelques photos jaunies aux bords tout cassés. »

En ce qui me concerne, le temps n'a pas tout fait. La maladie a accéléré la fragilité. Je dézoome, m'éloigne, je quitte le quartier, l'arrondissement, la ville, la région, la France puis, progressivement, je fonds sur là où j'habite désormais.

Il est temps d'élargir le champ.

Déménager

Nous avons déménagé. Ma famille « recomposée » et moi.

L'appartement est grand. Les murs sont blancs et obliques. Le parquet parfait. L'appartement est neuf, il a à peine séché. Il a quand même vécu un petit dégât des eaux, histoire de ne pas se présenter comme parfaitement puceau. L'immeuble est encore à moitié inhabité. La rue n'est pas terminée, elle est encore en chantier. Le feu rouge ne marche pas. La plaque n'a toujours pas été posée. En face, les façades des autres immeubles sont encore inachevées. Ici, nous sommes parmi les premiers à nous installer. Le quartier, lui aussi, est en perpétuel chantier. Il ne reste presque rien des décennies précédentes. Je ne sais à quoi me raccrocher. Voilà de quoi être totalement déstabilisé. C'est le nouveau 13e.

Où sont les choses du passé (une maison, un bout de trottoir, une boutique, un carrefour) ? C'est un quartier avec des humains qui semblent, pour le coup, aussi, comme mon père, un peu naufragés.

Au départ, j'ai eu chaque jour besoin de me réfugier dans un ancien quartier, avec des repères avérés : avec des vivants qui ont remplacé des morts qui en remplaçaient eux-mêmes (et ainsi de suite). Des maisons avec des disparus, des histoires, des derniers souffles et des pleurs de nouveau-né. Des maladies, des bouleversements, des boutiques qui changent au gré des années. Des boutiques qui affichent des numéros de téléphone à 7 chiffres. Des vieux qui témoignent du passé. Sinon, c'est irrespirable, toute cette nouveauté. Ça désoriente, on se retrouve complètement sans étai. Ici, on respire tellement la vie que l'on frôle l'asphyxie. Un peu de mort serait vraiment d'un certain réconfort.

Je suis déstabilisée, mais je sens qu'il y a pour moi, dans cette nouveauté, quelque chose à jouer, à tirer.

De retour dans l'immeuble où personne n'est jamais décédé, dans lequel il n'y a pas encore de souvenir à raconter, on emménage en sens unique. Il n'y a que des « allers ». C'est difficile à supporter. Mais l'enthousiasme n'est pas à négliger : on a l'impression d'être un *Pilgrim father* de sa vie de quartier. Les premiers habitants, primo-arrivants avec leurs habitudes d'ailleurs. Et cette vie que nous devons inventer. Il n'est pas trop permis de se planter. Il y a une forme d'utopie à protéger. Chacun, plus ou moins consciemment, se sent investi d'une mission. Sauf ceux qui s'en foutent complètement. À vrai dire, je crois qu'ils sont légion.

Peu à peu, à force d'arpenter le quartier, on comprend la logique de ces rues parisiennes inventées. Comment on peut affronter la nouveauté. Et même comment elle pourrait nous aider. Et puis, on se surprend à se sentir délivré. De son appartement aux rues nouvelles-nées on fait des trajets avec des pas qui sont modestes pour l'humanité, importants pour l'intimité. On imprime. On crée des habitudes. On élabore des raccourcis. On ne reconnaît pas les visages : pour tout dire, ça soulage, on est très loin du village.

On se dirige souvent vers la limite du quartier. On se garde bien de le quitter. On regarde d'en haut la ville du passé. On voit les gens circuler, les immeubles saturés, les rues modifiées de manière désordonnée. On voit le charcutier, le boucher, le boulanger, l'épicier. On voit les clichés de Paris. On regarde défiler cette autre temporalité. Et, *suave mari magno*, on se sent réconforté. Il nous faudra apprendre à jouer, à exister mais aussi à un peu oublier. Ce quartier est une aubaine insensée, il tombe à point nommé.

Tout est bien pensé. En bas de chez moi, il y a le terminus des deux bus que je prenais enfant : l'un passait devant mon école. Il passe aussi devant l'Ehpad. L'autre me conduisait directement chez mes grands-parents. Je devais sans doute arriver là. Et passer par tout ça.

De l'autre côté du miroir

La vue depuis ma fenêtre est sublime. Tout l'est de Paris, le ciel, la lumière, la perspective. Mais il y a quelque chose d'inavouable, dans le paysage, qui me rassure. Les voies ferrées qui viennent de la gare d'Austerlitz et emportent des RER C et des trains corail, parfois des TER ou des locomotives esseulées. Ainsi que les cheminées des usines d'incinération avec la fumée qui s'échappe. Il y a aussi, en contrebas, l'école d'architecture avec sa grande cheminée en brique rouge, une ancienne usine d'air comprimé. Sous cet angle, c'est de toute évidence une vue désolante, pleine de réminiscences. Auschwitz. Les wagons blindés et les crématoires en activité. C'est sinistre. Les invités le font souvent remarquer. Mais, oui, moi, ça a tendance à me rassurer.

Dans *Les Dents de la mer*, la peur tient en grande partie au fait que l'on ne voit pas le requin. Dans *Alien*, la bête se cache, se dérobe puis s'enfuit. Le problème, c'est, pour moi, quand ça surgit.

Le mal n'est pas parti. J'ai toujours eu peur de tout ce qui bondit au cœur des insouciances amollies. Alors je préfère avoir l'image devant moi. Avec les rails, les cheminées, aucune chance que j'oublie. Aucune chance que ça me surprenne. Aucune chance que je me laisse aller. C'est là, devant moi. Ce passé qui ne passe pas. Qui ne passera pas. Je le vois, je ne l'oublie pas, mais je le noie dans la vue.

C'était bien la peine de regarder ailleurs.

À l'abri

Mon père a aimé la forêt, la montagne, la mer, le nom des bateaux, des voiles, des cordages, des instruments aratoires. Il a aimé les romans. Et encore plus les dictionnaires.

Mais il n'a jamais ou presque navigué. Extrêmement peu voyagé. S'est rarement promené. La plupart du temps, il est resté assis, à son bureau, avec ses crayons, petits à force d'être taillés, ses Ball Pentel verts alignés, les « crayons télévision » rouges et bleus bien rangés, son cendrier, des carnets, une machine à marguerite puis un ordinateur allumé. Ses clopes. Boyard blanches, maïs, puis Gitane et Craven A. Ses manies, ses collections. Derrière lui, tous les livres bien rangés, soigneusement accumulés. Dans laquelle l'année de lecture est notée.

Pendant des décennies, je n'ai pas remarqué qu'il aimait les flots mais à condition de rester à quai, qu'il aimait le vent à condition d'être bien abrité, qu'il aimait la campagne à condition que ce soit à travers ses souvenirs. Je n'ai pas vu la distance entre le rêve, le goût et les faits. J'étais la fille d'un marin, d'un aventurier qui avait croisé des grizzlis et vécu en trappeur. Avant. Un jour.

J'ai, pour ma part, anormalement peur de la nature, des animaux, des éléments, du vent, de la mer, de l'orage, du silence et de la solitude. Quand j'étais petite, on se levait à l'aube pour aller observer les animaux dans la forêt. Il prétendait que je parlais tant que je ne leur laissais aucune chance de s'approcher. Je « trompetais », disait-il. J'essayais de dissiper l'anxiété.

Il a beaucoup écrit. Il a beaucoup parlé. Il n'est pas beaucoup sorti. Il est resté à l'abri. Il a projeté mille images et références sur nos vies. Elles restent en suspens, elles saturent parfois nos regards. Et pourtant, nous savons tous voir. À notre manière. Nous confrontons nos visions : de lui, de la maladie, de nos vies et de ce que nous en faisons, encore avec lui.

Que vois-je ? C'est triste, si triste. Mais je peux aussi regarder autre chose. D'un peu moins près.

Le rocher

Il apparaît dans la brume, flotté, troublé, entouré d'un halo vert. Qu'il pleuve, qu'il y ait du soleil, il a toujours le même aspect : flou. De ma fenêtre, je vois le rocher du zoo de Vincennes, au loin. Comme estompé, il est entouré d'une aura de lichen, douce et nimbée. Il est là, sublime, moelleux, posé sur la vue. Comme un château dans le ciel.

Le sfumato est parfait. Il pourrait figurer derrière la Joconde, entre les pieds d'un saint Jean-Baptiste en pagne fourré, sur l'épaule de Marie. Il est comme Léonard le voulait, il veille à ce que ses « ombres et lumières se fondent sans traits ni lignes comme une fumée ». Il a des airs babéliens, mais ne souhaite tendre vers rien. On songe qu'en s'en rapprochant on pourrait déceler une ancolie, un homme conduisant un âne, un jardin des Oliviers clairsemé. C'est tout simplement parfait. Et pourtant, devant le rocher, autour de lui, nulle belle Florentine, ni Madeleine au miroir, ni sainte famille. La ville, la ville, la ville. La ville de Calvino, la ville de Perec, la ville de Queneau.

Au cœur d'un paysage bétonnier, il y a donc ce rocher. Qui joue son rôle : c'est le petit pan de nature, de minéralité soi-disant spontanée. C'est une concession urbaine, de la nature assez mal franchisée, mais il joue son rôle sans rechigner.

Je n'ai pas navigué, voyagé, mon bateau ne s'est pas échoué, je n'ai pas picolé au bas d'un volcan, je n'ai chassé ni la baleine ni le grizzli, je n'ai pas accompagné de jésuites en Chine à la rencontre de l'empereur Qianlong, comme mon père a pu ne pas le faire.

Ce rocher, c'est ma manière de ne pas faire semblant, de ne pas tricher tout en gardant l'idée de la nature et de sa beauté. Ce rocher, c'est l'artifice incarné. Il est tellement mal fait ! Bien que totalement restauré. Avec lui, nulle quête de vraisemblance ni de nuance. Il ressemble aux rochers pirates Playmobil. Ceux qui sont lisses, doux, aux reflets de graphite, creux à l'intérieur. Il ressemble aux rochers que l'on trouve dans le décor naïf de *Perceval* de Rohmer, qui sentent le carton-pâte à peine séché. Il libère des effluves de maternelle et de travaux manuels.

Ce n'est pas un rocher mais une allégorie criante, outrageusement simplifiée, de l'escarpement (dans les années 1930, il contenait l'ascenseur le plus rapide d'Europe), de l'altitude, de la pente (à l'origine il devait contenir des animaux alpins). Il n'est même pas designé ni stylisé, il est gros, décomplexé : on sent qu'il ne se pose pas la question de son esthétique ni de sa véracité. C'est peut-être ça qui me plaît…

Et c'est sans doute en cela aussi qu'il rejoint, de manière paradoxale, les paysages d'arrière-plan de Vinci avec ses perspectives atmosphériques, ses montagnes trempées de rosée, de vent et d'air frais. Le rocher est là pour dominer tout en se faisant oublier. À ses pieds, des singes continuent de s'enlacer, de s'épouiller, de s'affronter et de s'accoupler.

En contemplant ce rocher à toute heure de la journée, de l'année, sous des cieux dégagés, ensoleillés ou voilés, je sens que j'y suis, que c'est ma perspective, que c'est cette distance que je voulais trouver, ce degré dans la manière d'affronter le réel, la nature et ce qui m'a été légué. Ce rocher, c'est ma manière de penser, d'observer, c'est la pierre de touche de mon authenticité.

À ce rocher attachée, je n'ai plus besoin de me chercher des autorités.

Le corridor

Je regarde en bas. Au pied de chez moi.

« C'est une rue couverte, c'est une rue ouverte, c'est une rue déserte, qui remonte aux deux bouts. » C'est la rue Watt. Je n'ai encore jamais osé l'emprunter seule. Même accompagnée, j'ai du mal, la rue souterraine me fait peur.

Elle permet d'aller de l'ancien au nouveau quartier, du vieux 13e au nouveau. C'est une rue de transition, un sas spatio-temporel, un couloir de téléportation. Ou un terrain de prédation. Elle me rappelle le pont qui lie la rue de Vouillé et la rue d'Alésia. C'est sous ce pont que mon père m'apprenait à voler.

La rue Watt est réservée aux initiés. On la retrouve chez Tardi (*Brouillard au pont de Tolbiac* d'après Léo Malet). *Le Doulos* de Jean-Pierre Melville s'ouvre sur la traversée de la rue. Et chez Vian : « Près d'la gare d'Austerlitz/Vierge et vague et morose/La rue Watt se repose. » Elle a beau avoir changé, été refaite, nettoyée et éclairée, elle garde quelque chose de mythique. Peut-être parce que l'on a besoin de mythe dans ce quartier.

Boris Vian voulait y planter ses tomates. Je ne sais pas s'il a été exaucé : un éco-park (comprendre un jardin dans lequel tout a du mal à pousser) borde l'une de ses extrémités. Il voyait des « *gens courts* » arpenter les voies de chemin de fer, une lanterne à la main. On ne les voit plus. Tout a été occulté. Peut-être sommes-nous devenus nous-mêmes les gens courts, opprimés par l'exiguïté et le manque de luminosité.

Les colonnes en fonte ont été remplacées par des torsades lumineuses : c'était beau comme l'antique, c'est maintenant tamisé faussement chic. Il voyait des chats : ils ont été chassés par les rats. Selon lui, elle était « bath ». Elle est en passe de devenir « smart ». Des clochards y somnolaient.

On trouve maintenant, à proximité, des enfants. Seuls. Allongés. Occupés à mendier. Le quartier est transformé, la misère s'est renouvelée.

La première fois qu'il y est allé (« j'y ai z'été »), c'était avec « Raymond ». Raymond Queneau. Mais dans le poème, c'est simplement Raymond, sans des centaines de murailles et de protections. Raymond, là, sans précautions, jeu de mots ou inventions littéraires. Raymond qui parle : « Mon colon, faut que tu constates, qu'y a rien comme la rue Watt. » Raymond dont mon père est si proche.

J'imagine les deux écrivains, dans le quartier, un soir de février où il ne faisait pas froid. Je les vois marcher, regarder, se promener. Je sens le souffle chauffant des grilles, l'échappée des chats décolorés, les moulins qui tournent. Je suis les deux hommes, les mains dans les poches d'un grand pardessus dont il faudrait changer les boutons. Peut-être un galurin. Je traverse avec eux un monde abandonné, densifié par l'obscurité. Je suis loin des jardins de l'Ehpad. Au gré de leurs pas, les colonnes en fonte s'arrachent au Parthénon.

Je lis « Raymond » et je suis submergée d'émotion.

La rue Watt remonte par les deux bouts. Elle mène à tout. Au neuf, à l'ancien. Elle ouvre sur une conversation avec Raymond. Elle n'est rien mais elle mène à tout. Elle est vide mais croule sous les occurrences culturelles. Elle propose une protection avec Raymond comme saint patron. Qui veille, dans sa rue grotte, sur les humains déboussolés qui viennent habiter ce quartier et qui, obstinément, cherchent son passé.

« La forme d'une ville change plus vite, hélas, que le cœur d'un mortel. » Le cœur d'une fille change moins vite que la forme de la ville : la rue souterraine est là pour ralentir le pas. Pour s'enfuir ou revenir chez soi.

La rue Watt pourrait être notre ligne de communication et de démarcation. J'ai sous les yeux le passage secret qui va me permettre de surmonter.

J'ai surtout devant moi un monde où tout est bon pour trouver une vague solution à une énigme qui se résume à une vague intuition. Les tentatives d'épuisement des lieux parisiens ne s'arrêteront pas en chemin.

En cours

Depuis quelques années, être dans une salle avec mes élèves me semble le lieu le plus réconfortant du monde. La maladie et tout ce qui a un lien avec elle ne passent pas le pas de la porte. Le mouvement de l'enseignement est ascendant, rien de ce qui est dégénératif ne vient me troubler. Je ne pense jamais à mon père quand je suis en classe.

Je me surprends, de plus en plus, à l'évoquer, cependant.

Un élève cite mon père. Cela me fait un effet incroyable. Ce n'est ni un bon mot, ni un poème mais un adage qui m'est souvent utile. Quelques semaines auparavant, à des élèves qui se lançaient des insultes racistes, soi-disant pour rigoler, j'avais expliqué que mon père, à propos de ce type d'humour, avait une expression consacrée. Il disait toujours : « Quand on pète, même pour rire, ça pue quand même. » Invoquer mon père en cours, de cette manière, m'a semblé très étrange. Il s'est invité dans ma parole de fonctionnaire. Il s'avère que ça a été efficace et que cela a marqué les élèves.

Peut-être un jour, diront-ils, mon père sera mort depuis longtemps, « comme disait le père de Mme Goyet... ».

Révélations

Je pourrais terminer par une révélation.

Depuis que je suis enfant, je m'attends à une révélation. Sans doute est-ce en raison des années gauchistes qui m'ont précédée. J'imaginais apprendre que mes parents avaient une double vie, étaient de dangereux activistes, des militants extrémistes (de gauche, forcément de gauche), les rebelles d'une forêt de Sherwood invisible à mes yeux, des résistants de l'ombre.

J'ai toujours eu peur d'apprendre quelque chose sur mon père qui changerait ma vie. Avec la maladie, j'ai beaucoup appris. J'ai appris autre chose de lui. Je le vois, maintenant, joyeux, gai, courageux. Je l'ai vu accepter la maladie. Il est tellement gentil. Dépouillé du savoir accumulé, il paraît dans sa plus pure simplicité. Il est si poli, si aimable, si délicat. Il est charmant.

Mon père était en fait un homme structuré, sérieux, ponctuel, organisé, cultivé, raisonnable, matinal, propre, de bonne humeur, soucieux de l'éducation de ses filles, de leurs heures de sommeil, de leur alimentation, de leur humeur et de leurs maux.

Mon père a beaucoup écrit, des scénarios magnifiques, des poèmes impressionnants (aux mille contraintes oulipiennes, ruses des pudiques et des timides, de ceux qui n'osent pas tout à fait, de ceux qui n'ont pas tout à fait dit merde à leurs parents), il a fait rire des tablées entières, il a fasciné par son intelligence, sa rapidité, sa culture et son humour, il a été extrêmement doué, paradoxal, intransigeant, mais, à bien y réfléchir, je ne l'ai jamais vu prendre la parole un peu officiellement, faire un discours, prononcer l'éloge funèbre d'un membre de la famille (on le lui demandait pourtant) ou publier un texte, brut, personnel avec un « je » qui soit directement lui. Il était modeste, aussi. Et prudent.

Mon père a beaucoup insisté sur les différences entre ses parents et lui, sur Mai 68 notamment. Mais il leur ressemblait beaucoup sous certains aspects. Je l'ai toujours vu délicat et un peu en retrait avec son père qui nous faisait un effet Commandeur. Il en avait même un peu peur. Il a été révolutionnaire et rebelle dans un cadre limité et protégé : ce qui a été une chance pour moi, je n'ai ni « trinqué » ni fait « les frais ». Il était surtout parfaitement réformiste, démocrate et modéré malgré quelques déclarations ancestrales.

Voilà la révélation à venir : il était normal et responsable. Aimant. Souvent tendre. Plutôt sage. Pour le reste, on le savait.

Domaine public

J'écris le prénom et le nom de mon père dans une publication Facebook. J'ai le sentiment d'une immense transgression. Sur Facebook, en plus…

J'écris ce livre. Je renomme le fichier. Après « Ça va mieux, ton père 1 », « Ça va mieux, ton père 2 », « Ça va mieux, ton père revu », « Ça va mieux, ton père interligne simple », ce sera « CVMTP ». Ce qui me fait penser à ONPC, NPA, ou TPMP, à une émission de télé grand public. Je sens le concept venir : la fille du malade d'Alzheimer (FDMDA). La maladie du siècle (MDS). La terrible histoire d'une déchéance morale et physique (THDUDMEP).

Je dois parler de mon livre, avant sa sortie. Si je dis qu'il s'agit de mon père, en vrai, malade, chacun va imaginer des histoires abominables, sordides, et aura peur de lire. Il me faut donc trouver un truc, un angle, un discours, un ton pour que « ça passe », pour que ça donne envie. Il faut chercher l'universel dans cette histoire particulière. Je suis assez mal placée pour le dénicher. Quand je vois mon père, quand je pense à lui, je ne tire pas des fils pour voir jusqu'où il pourrait être sublimé ou prolongé. Il n'est pas un condensé de sujets de société. Si l'on a tous quelque chose de cette histoire, je suis au regret de m'en être aperçue, puisque je fais partie de l'histoire.

En revanche, je tire des fils, mais de l'autre côté, pour le faire tenir, comme si je tissais une toile d'araignée qui s'accrocherait à toutes les corniches possibles. Universelles, celles-ci.

Des photos de mon père

Nous cherchons une photo pour le bandeau du livre. Il est hors de question de mettre une image de lui maintenant. Ce qui me rappelle la vérité crue du moment : il n'est pas montrable.

Il y a des photos de concours, quand il avait 20 ans, mais ce n'est pas le sujet. Il y a des photos de lui et moi. Ça fait des années que je refuse de les regarder, comme tout ce qui touche au passé.

Sur l'une d'entre elles, mon père doit avoir 24 ans, nous sommes dans la forêt, il me porte dans ses bras, on ne me voit pas bien. Il semble m'emmener dans un univers enchanté. Il porte un chapeau en feutre, trop petit, gris, il a un pull très large avec des boutons sur l'épaule et un pantalon flottant. Ses cheveux frisés sont épais, un peu longs. Son visage est tout près du mien : il fume. J'aime le scandale rétrospectif que cela représente, je suis fière de lui : merde à la prophylaxie. Il est jeune, son profil est juvénile. Derrière lui, la Loire coule. Un inconnu pourrait trouver qu'il ressemble au roi des Aulnes. Il lui trouverait un air de voleur d'enfant, d'ogre séduisant au bord de la Vologne.

Sur une autre photo, il fait du vélo. Cela donne l'impression qu'il est écolo alors qu'il prenait sa voiture pour aller au bout de la rue. Il est habillé de manière plus bourgeoise : un polo blanc et un jean avec des revers. Je suis sur un siège pour enfant, à l'arrière, on a mis un coussin pour compenser la dureté du fer. D'après mes souvenirs, le vélo lui avait été offert par son arrière-grand-mère. Ma mère a dû prendre la photo depuis le balcon. J'ai un regard inquiet. Avec ma main, je dois avoir quatre ans, je m'agrippe à lui : ça me fait penser à *E.T.*, encore une fois.

Ce qui se dégage de cette photo, ce qu'elle incarne, il n'y a rien de plus vrai : il avance, je le suis, j'ai peur. Il a dû retomber sur cette photo récemment. Il a écrit dessus : « (BERTRAND) à VÉLO ? » Le point d'interrogation est troublé, il avait déjà de la difficulté à écrire. Et surtout, il ne s'est pas reconnu.

Sur une troisième photo, je suis sur ses épaules. J'ai un anorak et une cagoule. Je suce mon pouce. Ma tête est posée sur la sienne. On a l'impression que nous nous transmettons ainsi nos pensées ou que je suis un téléphone qui vient se recharger.

Il y a une autre photo. Prise sur le tournage de *La Vie de famille*. Je suis dans la voiture qui a servi au film. C'est un photographe de plateau qui a dû la prendre. Mon père n'est pas à son avantage. J'ai 10 ans. Je le regarde avec intensité. Lui aussi, mais on sent qu'il n'aime pas poser. À la main, je tiens le livre que je lisais : *La Conjuration des imbéciles* de John Kennedy Toole. Que le titre est bien trouvé…

J'ai aussi fait un selfie, le seul de ma vie. C'était il y a deux ans. Heureux hasard, nous sommes habillés pareil : un jean et une marinière rayée. Il se tient droit, il fume une cigarette. Nous sommes dans le « square blanc » où nous allions quand j'étais enfant. C'est l'été. Il n'a pas l'air malade. De moi on ne voit que le bord de mon visage : mes pattes d'oie, du côté droit, semblent poser des guillemets sur l'image : peut-être ne faut-il pas la prendre pour argent comptant.

Mon père est ainsi tombé dans le domaine public. Je n'ai pas l'impression pour autant d'avoir fait ici son portrait. Ni avant ni maintenant. J'espère cependant que vous l'aurez aperçu ici et là, comme dans une devinette d'Épinal, comme dans un rébus ou une charade et que vous saurez le « reconstituer ». J'espère ne pas l'avoir « livré », ni « exposé » mais vous l'avoir présenté, cela valait vraiment le coup de le rencontrer. Certains disent, d'ailleurs, qu'il a gardé sa singularité. Je crois que c'est vrai.

De dos

J'arrive enfin à faire une photo de lui qui me plaise et soit vraie.

Il est de dos dans le jardin de l'Ehpad. Il porte une salopette bleue et des sandales. Son col est un peu retourné, on voit l'étiquette collée sur le tissu « M. GOYET J-F ». Il est marqué.

À sa droite, il y a un lilas en fleur dont l'odeur est forte. Contre un arbuste, il y a une pelle bleue qui s'accorde parfaitement avec sa salopette. Le spectateur peut trouver l'objet, au choix, sinistre ou bucolique. Mon père penche sur le côté, c'est toujours ainsi quand il a mal dormi. Ses cheveux sont mousseux. À son poignet se trouve une gourmette en argent sur laquelle sont inscrits son nom ainsi que le numéro de téléphone de ma mère.

Deux chemins se présentent à lui. Il semble avoir le choix, mais de la rubalise blanche et rouge lui barre le passage. Sera-t-il capable de faire demi-tour et de nous retrouver ? Ou bien déchirera-t-il le ruban ?

Je prends la photo, je pose mon téléphone et je vais le chercher. Je pourrais l'observer, voir comment il va s'en sortir, le laisser libre. Je n'en ai ni l'envie ni le cœur. Je le prends par le bras et nous revenons vers la table en plastique.

Nous lui tendons un café. Qu'il renverse, brûlant, sur ses mains et les miennes. Sur sa salopette aussi. Il a un geste de recul, il a mal. Moi aussi.

Étrangement, cette brûlure commune, ce réflexe me rassurent. Notre douleur, modérée, est un gage de bonne santé et de discernement. Nous sentons quelque chose, tous les deux, et c'est la même chose. Je lui essuie les mains avec une serviette et tamponne le vêtement taché. Il s'assied.

Avec ma sœur, nous nous organisons. La semaine prochaine, nous pique-niquerons sur cette table. Notre mère viendra aussi. J'irai chercher des Whopper au Burger King. Ma sœur me demande de ne pas oublier le « cheese ». Je sais déjà que j'enlèverai les oignons. Pour mon père, on prendra sans doute des nuggets, plus faciles à manger. Tous les quatre, nous allons déjeuner dans le jardin de l'Ehpad, nous ferons tomber des frites par terre et l'on mettra le ketchup dans le couvercle des boissons. Comme toujours. Ça sera dégueu, froid, comme on aime. Ça sera nous, avec lui. Comme avant ? Pas vraiment.

Quand je ne le regarde pas

L'un de mes professeurs nous avait dit que les natures mortes représentaient les objets quand on ne les regardait pas. À quoi ressemble mon père quand personne n'est là pour le regarder passer ?

Mon cousin a pris une photo de mon père, il me l'envoie. C'est une image terrible et magnifique. Elle est d'une vérité splendide et accablante.

Il est seul dans une chambre, ce n'est pas la sienne, dont les stores sont en partie fermés. Un rideau occupe la partie gauche de l'image, la lumière qui filtre à travers les persiennes fait varier ses couleurs qui passent progressivement du rose pâle à l'orangé. On se croirait dans *Le Verrou* de Fragonard. Les similitudes sont nombreuses. À droite, nul loquet ni verrou cependant. L'enfermement est tout entier incarné par mon père qui est enroulé dans le voilage. Il n'a pas l'air d'un Romain en toge ni d'un homme sur le point de se pendre. Il ressemble à un fœtus ou à un papillon sur le point de sortir de sa chrysalide. Cronenberg s'invite chez Fragonard. Il semble que mon père ait été surpris en pleine transformation ou dans un moment de parfaite régression. Il n'a l'air ni triste ni heureux. Il semble juste occupé à ce qu'il fait.

Il est en pleine métamorphose. En quoi se transforme-t-il ? En ce qu'il est quand on ne le regarde pas, quand on n'est pas là, quand il est dans la radicale solitude de son état que lui seul éprouve, connaît, endure et perçoit. Dans son espace, nul ne nous entendra pleurer, nul ne nous verra le regarder. Je vois là, en un cliché, tout ce que je refuse de voir. Sa solitude inimaginable et déchirante, son isolement définitif envahissent l'image.

En regardant la photo, j'ai l'impression de prendre l'ascenseur à l'intérieur de moi. Je descends tout en bas. Je veux la supprimer, je ne veux pas que ça puisse exister.

Je songe alors que je suis en plein révisionnisme, que je veux effacer toute trace de ce que je refuse d'affronter. Je la regarde. Heureusement, quand même, que Fragonard et Cronenberg sont là. Mes sels culturels me raniment doucement.

C'est bien ça : c'est lui quand nous ne le portons pas à bout de bras, quand nous ne le défendons pas, quand nous ne le regardons pas, quand il ne se voit plus, c'est lui dans la vérité nue.

« Tu es seul, tu apprends à marcher comme un homme seul, à flâner, à voir sans regarder, à regarder sans voir. Tu apprends la transparence, l'immobilité, l'inexistence » : c'est l'*Homme qui dort* de Perec.

Sur la photo, c'est lui selon lui, pli selon pli. Cette image, c'est tout ce qui m'empêche de dormir, c'est tout ce qui m'oblige à penser à lui et à refuser d'y penser.

C'est fait : j'ai regardé en face, dans une scène d'une épouvantable beauté, mon père seul au monde, là où on ne le rejoindra jamais, là où je dois accepter de le laisser.

Je me fais l'impression d'avoir été une chèvre de M. Seguin qui a passé sa nuit à lutter tout en restant attachée à son piquet (la vraie, elle, avait le mérite de s'être échappée, mais elle a fini dévorée). Je pourrais peut-être négocier une sorte de semi-liberté ? Voire une totale libération, à condition de ne pas m'enfuir et de rester à proximité ?

J'ai commencé ce livre en parlant d'E.T. L'histoire n'est pas finie.

E.T. est malade et Elliott l'est aussi. L'enfant est sauvé. L'extraterrestre meurt. Les fleurs se fanent. Elliott s'approche de son ami qui est dans le caisson blanc. De la fumée, celle de la glace carbonique, s'échappe. La musique est terriblement triste. E.T. est dans une housse en plastique, un sac mortuaire. Elliott lui parle à travers le hublot: « *Look at what they've done to you. I'm so sorry. You must be dead... because... I don't know how to feel. I can't feel anything anymore. You've gone someplace else now. I'll believe in you all my life. Every day. E.T.... I love you.* » Il s'en va.

Je n'ai pas trop su non plus comment il fallait se sentir. Et parfois j'ai cru que je ne sentais plus rien. Même pas mon chagrin.

Les fleurs, soudain, se redressent et se remettent à fleurir. *I love you.* E.T. ressuscite. Il parle frénétiquement, il veut appeler sa maison. Il ne cesse de parler. On dirait qu'il est dément. Elliott claque le couvercle du caisson pour le faire taire. Pour cacher qu'il est revenu à la vie.

C'est maintenant la fin du film. Ils sont dans la forêt, c'est la nuit. Le vaisseau spatial est là, il éclaire tout. E.T demande à Elliott de venir avec lui. Elliott lui demande de rester. *Come. Stay.* Elliott pleure. Moi aussi. Je pleure déjà depuis la première image du film, mais là je pleure encore plus. E.T. masse étrangement la capuche rouge d'Elliott. E.T. allume son doigt, le met sur la tempe d'Elliott et lui dit : « *I'll be right here.* » Elliott fait alors cette mine que prennent les enfants quand ils décident d'être courageux. E.T. se penche pour ramasser le pot de fleurs et commence à monter sur la passerelle du vaisseau. La musique enfle tant qu'on peut renifler impunément.

Ça va mieux, ton père ? Je ne crois pas. Je sais en tout cas que je vais rester là, en bas. Chez moi. Dans ma vie à moi. Ni trop près ni trop loin de lui.

Dramaturgie

Je me demande si ce ne sont pas des idées sommaires de croire que je vais m'en sortir à si bon compte. La maladie de mon père doit-elle forcément m'amener à des leçons, à changer ma vision ou ma position dans le monde ? N'est-ce pas artificiel de croire que tout finit par des résolutions ? Mon père, lui, a pris la succession de ma grand-mère. Du moins dans la maladie et le drame. Suis-je obligée, au risque de forcer le trait, de penser qu'il y a là comme une occasion, une libération ? Suis-je contrainte de chercher des sorties, des fuites et des dénouements ? Est-ce parce que l'on arrive à la fin de ce livre qu'il doit se passer quelque chose ? Dois-je révéler le nom du meurtrier ? Dois-je dépasser le sujet, en faire le symbole d'une condition, le signe d'une confusion, le symptôme d'une époque ?

Dois-je me livrer à une fin tragique mais didactique, à une beauté dialectique, à un sursaut autobiographique ? N'est-ce pas trop donner de sens à la maladie, aux malheurs de la vie ?

La vie de mon père n'est pas finie. Ce livre, oui. J'ai sans doute, comme Zazie, grandi. Mais mon chagrin aussi. Peut-être l'ai-je un peu circonscrit, lui ai-je trouvé une place plus juste dans ma vie, voilà c'est fini.

Coup de théâtre. J'aimerais, à ce stade, qu'on me démasque, qu'on retrouve mon père en bonne santé, fumant ses Craven A assis à sa table. J'aimerais qu'il considère que j'ai exagéré la maladie et ses méfaits. Il songerait à m'intenter un procès où il déplorerait dans un communiqué que sa fille mythomane ait pu imaginer qu'il ait quelque problème que ce soit. Il pourrait exiger un droit de réponse : depuis longtemps, il n'a plus de nouvelles de sa fille aînée (oui, celle qui est un peu perturbée, celle qui a quelques problèmes avec la réalité), il n'est pas procédurier, Dieu sait ce qu'elle a pu raconter ou imaginer, mais il ne le laissera pas passer.

C'est tellement triste que j'aimerais avoir tout inventé. Malheureusement, des témoignages concordants viennent m'appuyer.

« J'avais trop demandé à l'épuisement : j'escomptais la fin de la sensibilité, mais ne parvenais qu'à la hantise ; l'impression d'étrangeté accentuait l'aspect menaçant du réel ; j'étais entouré d'imminence implacable ; l'angoisse déjouait toutes mes tentatives de parade. Il était impossible de se dérober. Il fallait faire face. »

Romain Gary, *Clair de femme*

Je tiens à remercier profondément Alice d'Andigné. Elle a su, avec un mélange d'attention, de délicatesse, de confiance et d'obstination qui n'appartiennent qu'à elle, patiemment porter l'écriture de ce livre. Il fallait bien tout son métier et toute son amitié, l'un comme l'autre aiguisés et subtils, pour que je puisse l'accepter. Et y arriver.

Cet ouvrage a été composé
par Maury à Malesherbes
et achevé d'imprimer sur Roto-Page
par l'Imprimerie Floch à Mayenne
pour le compte des Éditions Stock
21, rue du Montparnasse, 75006 Paris
en août 2018

Stock s'engage pour l'environnement en réduisant l'empreinte carbone de ses livres. Celle de cet exemplaire est de :
850 g éq. CO_2
Rendez-vous sur www.editions-stock-durable.fr

PAPIER À BASE DE FIBRES CERTIFIÉES

Imprimé en France

Dépôt légal : août 2018
N° d'édition : 01 – N° d'impression : 92999
58-07-4282/2

Embrasser

Il ne prend la main que lorsqu'il l'embrasse